Souriant dans les épreuves

Les leçons de notre premier échec

Efuet And. Atem

Publié en français en France

Publié en anglais aux États-Unis

Souriantdanslesépreuves.com

Couverture : Md. Nozrul Isalm

Première édition, 2020

ISBN 978-2-9574427-0-6

En tant que source d'information précieuse pour le lecteur, cette publication est conçue pour fournir des informations précises sur le sujet traité. Toutefois, elle n'est pas destinée à remplacer l'assistance directe d'un expert. Si un tel niveau d'assistance est nécessaire, il convient de faire appel aux services d'un professionnel compétent.

A toi qui traverses des moments difficiles, à toi qui te sens seul, à toi qui cherches une voix, ce livre t'es dédié.

Qui suis-je ?

Efuet And. Atem

Ingénieur, Fondateur de World like Home.

Restons en contact

 @EfuetAndAtem Efuet Atem

Le monde est peut-être inique, mais nous avons tous l'obligation de l'améliorer.

Souriant dans les épreuves, Une histoire sur le bonheur

"And est un jeune garçon qui croit que nous pouvons toujours choisir le bonheur. A travers l'entrepreneuriat, il se lance dans un voyage périlleux pour aider les gens à choisir le bonheur. Le jeune And est confronté à des vicissitudes délicates sur la route lorsque son propre bonheur est mis à rude épreuve. Il doit maintenant appliquer à lui-même les mêmes principes et croyances qu'il prêche aux autres. Peut-il mettre en pratique ce qu'il prêche ? Ou abandonnera-t-il face à des adversités, des épreuves et des tribulations extrêmes ?

Souriant dans les épreuves, Les leçons de notre premier échec est une histoire d'entrepreneuriat, de startup, de déceptions, de frustrations, de distractions, d'écueils, d'amitiés, de racisme, de migration, de patience, de persévérance, de famille, de levée de fonds, de succès, d'échecs, de business model, de défis, de foi, de pardon, de liberté, d'inspiration de motivation, de développement personnel et surtout une grande leçon d'humilité.

Au fil de la lecture, on s'identifie parfois à l'auteur et sa quête de bonheur, dans d'autres cas, on se retrouve à pleurer et plus tard à rire car l'auteur maintient un humour constant lorsqu'il raconte les choix difficiles qu'il doit faire".

Efuet And. Atem est un ingénieur, CEO et Fondateur de World like Home.

Ils ont lu

« Ce livre est une réserve d'énergie, pour s'en apercevoir il faut l'ouvrir et s'ouvrir. »

JACQUES NKOA-BETENE, *chef d'entreprise, auteur et consultant*

« On a l'impression qu'Efuet nous vient tout droit de bandes dessinées. Dans un monde où après son diplôme on cherche à maximiser ses avoirs pour impressionner le sexe opposé et gagner en statuts, Efuet nous surprend. Tel un héros il va se lancer à la quête de lui-même. Et comme tous les héros il est incompris. Sans un sou dans la précarité administrative il décide de lancer une startup innovante autour de sa passion : l'accueil ! Brave, drôle, attachant ; je ne vous en dis pas plus. Mais comme les héros même quand on le pense au fond du trou il se relève sourire aux lèvres. »

IVAN LEMARABIO, *Fondateur, CEO Bissandlove.com*

« Guide à l'entrepreneur, guide aux étudiants, guide à la vie tout court. Sensationnel ce chef d'œuvre. Facile à lire, en langage "terre à terre", compréhensible. Je tire un coup de chapeau à l'auteur pour son parcours, il est un exemple pour la jeunesse entrepreneuriale »

RICHARD SUFO, *Assistant lecturer, Le Mans Université*

« Le livre est très factuel. C'est très rare de voir des personnes dévoiler leur échec au public dans le but de faire une introspection. J'ai beaucoup aimé le chapitre sur les frottements car à travers cela, nous pouvons savoir réellement ce à quoi un entrepreneur lambda doit s'attendre s'il veut créer son entreprise. »

WEMBE CYRIL, *Manager, GSK Pharmaceutique Bruxelles*

LES LEÇONS DE NOTRE PREMIER ECHEC

« Monsieur Efuet fait ressortir dans son livre la face cachée de la réussite qui sont des heures de travail, à y ajouter les épreuves de la vie au quotidien : des embûches, des déceptions, des contraintes, des chutes et des espoirs, des colères et des joies, des persécutions et des pardons. Le tout dans une chose et son opposé qui sont là le propre de la vie d'un homme. Après tout, l'existence humaine se résume par la vie et la mort, toujours dans une chose et son opposée. Le chapitre trois est pour moi le cœur du livre parce qu'il parle de la place de la famille face aux épreuves de la vie. Le chapitre démontre comment la famille devient un pilier, un Rempart, une source d'inspiration pour mieux affronter les épreuves de la vie. »

CHAMBERLAIN MBURUNU, Ingénieur en Electronique et
Informatique Industrielle

« Dans ce voyage, je me reconnais. Certes, j'ai été accueilli par ma famille à Charles de Gaules mais en arrivant au Mans je me suis confronté à moi-même et aux réalités de la France. Comme c'est si bien dit dans le livre, j'ai fait face à des frottements qui m'empêchait d'avancer et je suis sûr qu'avec World like Home ça pouvait être plus facile. Je tire beaucoup de leçons et d'enseignements de ce chef-d'œuvre tout en rigolant. Dans ce livre, on apprend à tomber, à comprendre les réalités de la vie et surtout à se relever tel est le parcours de World like Home. »

CHRISTIAN ATONFACK, Actuaire

« Le livre est excellent et édifiant. J'ai apprécié beaucoup de choses: L'aspect scientifique du livre : l'auteur se sert de ses connaissances d'ingénieur pour parler des frottements ainsi que leur parallèle avec le monde du business; L'intérêt commun pour des businessmen de réputation internationale; Le déferlement d'ambition qui déborde du livre; La culture et la sagesse dont fait preuve l'auteur; La puissance de la volonté qui ressort du parcours malgré des épreuves qui en auraient brisé plus d'un; L'humilité dont fait preuve l'auteur; Tout le passage sur la prise de recul nécessaire pour avancer et ne pas se retrouver dans l'impasse en croyant avancer avec le temps. Merci beaucoup pour cette leçon de sagesse et de grandeur d'esprit. »

JOSEPH NKOA, *Avocat d'affaire*

« And a un rêve, et il est passionné. Aucun frottement n'a su le décourager et détourner de sa vision. La route peut être longue, et même très périlleuse, mais il faut rester concentré et garder la vision. And nous apprend à savourer les petites victoires car ce sont elles qui nous gardent sur le chemin vers notre destination. Le plus important à retenir c'est que tout grand succès, s'accompagne toujours d'échecs. La vie n'a pas toujours été tendre avec lui, mais il a su en retirer le meilleur et il nous apprend l'humilité en toutes choses. »

SANDRA MBATCHA, *ingénieur calcul*

« Ce livre est aussi mon souvenir. Je l'aime bien car beaucoup de gens parlent de leur réussite, mais on ignore très souvent l'échec qui l'a précédé. Comme Efuet disait dans le livre, être entrepreneur, c'est rencontrer des difficultés telles que la levée de fonds, les critiques, la pression et cætera. L'histoire dans le livre ne peut pas t'apprendre la réussite mais elle peut aider beaucoup de jeunes entrepreneurs à éviter les pièges, d'accélérer leur projet. L'aventure de WIH m'a donné du courage pour faire face à des difficultés dans la vie et aussi dans ma carrière professionnelle. »

ZHAO XING, *Co-fondateur de World like Home*

« Le fait de le voir tout souriant ne veut pas dire qu'il ne connaît que du bonheur ! L'on verra toujours la belle vie que tu mènes, l'on pensera rarement aux efforts consentis. L'on te dira, « tu as échoué » mais très peu imagineront les bénéfices de ton aventure, ne te laisse pas avoir, c'est le message que je retiens personnellement de « *Souriant dans les épreuves, Les leçons de notre premier échec* ». Ce partage d'expérience est tant instructif qu'informationnel. C'est un partage d'une aventure sans succès qui te pousse à te lancer sans crainte car on ne perd véritablement jamais. Avec son sens d'humour toujours présent, l'auteur apporte une justification, des éclaircissements à la déclaration du célèbre Thomas A. Edison « I have not failed, I've just found 10000 ways that won't work ». Laisse-toi inspirer par cette œuvre géniale, que je trouve à la fois lyrique et didactique. »

GERALD ETTA, *Aviation Engineer*

« En plus d'être enrichissant pour toute personne souhaitant se lancer dans l'entreprenariat, cet essai me semble pouvoir jouer un rôle primordial pour notre société française. En effet, il y a quelques années, le pape François appelait chacun de nous à construire "des ponts, pas des murs". Ainsi, selon moi, l'auteur construit par cet ouvrage un réel pont. En effet, en France aujourd'hui, il subsiste une grande ignorance en ce qui concerne l'immigration et les nombreux obstacles et souffrances que rencontrent les étrangers dans notre pays. Manque d'empathie ou d'intérêt de leur part ? Je ne pense pas. Je pense simplement que trop de "murs" les séparent. Compliqué de comprendre ce que vit l'autre ! Par son témoignage, Efuet Atem donne l'opportunité à chacun de comprendre ce que ça signifie pour un étranger le fait de s'installer en France. Une chance à saisir ! Je finirais cette critique par le point que j'ai le plus aimé... Tout au long de son ouvrage, l'auteur divulgue un message qui me plaît et qui me servira personnellement dans la vie de tous les jours : ne pas choisir la facilité, croire en ses ambitions, ses intuitions et projets, en sachant que la réussite n'est jamais facile. Ce message est d'autant plus poignant que l'auteur le met en pratique dans sa vie. Merci pour ce beau travail ! »

SIENNE THERY, Assistante Sociale

« Dans ce livre, le voyage que nous propose Efuet, je n'ai pas été indifférent à chaque trajet. La fin d'un trajet me poussait à en savoir plus sur le prochain passage, découvrir les nouveaux milieux ainsi que visualiser la scène de ce passage. Dans les débuts de mon projet actuel, j'ai été confronté au problème de *"Pré-Pacte d'Associés"*. L'auteur vient par ce livre donner la solution à mes insomnies. »

THIERRY YEFFOU, Promoteur de amazonafrika.com

« J'ai commencé cette œuvre au terme de mes études en France juste avant d'entrer dans le monde de l'emploi et dans la vie d'adulte. Etant une étudiante étrangère qui a dû faire face à de nombreux échecs, je me suis senti connecté à ce livre, j'y ai reconnu ma propre expérience. J'y ai trouvé beaucoup de réconfort et d'espoir dans le fait de savoir que je ne suis pas la seule à avoir vécu certaines situations. Ce livre est une source de développement personnel pour moi. Avec un style d'écriture simple et facile à comprendre, on retrouve une touche d'humour, ce qui donne encore plus l'envie de lire. Ce que je retiens de cette œuvre c'est le sens de la persévérance et du courage. »

LINDA TCHAKUI, *Analyste supply chain*

« Je retrouve beaucoup de créateurs dans ce récit, moi y compris, car dans un projet de création d'entreprise, sauf à avoir beaucoup de fonds, il y a toujours un risque financier à prendre et notre entourage est directement lui aussi dans le projet. On se demande toujours jusqu'où on doit aller, sans renoncer, sans prendre trop de risques non plus. »

LOIC RICHER, *Co-fondateur Eustache Club*

« Ce livre est d'une sincérité frappante. Les mots sont simples mais forts. L'histoire qui y est racontée est atypique, et génère des émotions diverses. On passe facilement du rire à la tristesse mais très vite l'espoir fait surface tant le personnage principal garde toujours un certain optimisme quel qu'en soit la situation. L'analogie avec la voiture est efficace et donne un fils conducteur très intéressant. »

LUDOVIC TCHOUPE, *artiste et entrepreneur*

« La vie d'un entrepreneur est similaire à celle d'un sportif de haut niveau : effort, volonté et discipline sont essentiels. Les sacrifices sont quotidiens. Les récompenses ne sont jamais garanties. Je retrouve dans ce livre le récit de mes propres péripéties, les mésaventures, difficultés, obstacles et embûches auxquelles font face toutes personnes ayant un projet, un objectif ambitieux. C'est édifiant de se rendre compte qu'on n'est pas seul, de voir à quel point ces difficultés sont communes, attendues. Les récompenses, la sensation d'être le propre maître de son destin, de ne dépendre que de soi, être le seul à féliciter pour les réussites, ou à blâmer pour les échecs. Faire face à soi-même. »

GIA, *ancienne sportive de haut niveau et entrepreneur*

« C'est rare de la part des dirigeants de "startups" de partager leur expérience, c'est pourquoi ce livre est une pépite. L'auteur par son style léger de narration parvient à nous faire toucher du doigt des situations lourdes de vie dans l'aventure entrepreneuriale. Après lecture de cet ouvrage on a qu'une seule envie de monter dans la voiture et de participer à l'aventure. »

HERMANN ADRIEN NGUEDIA, *Ingénieur MCOP*

« Ce mémoire est un livre de vie très enrichissant humainement. »

FLORENT FERRE, *manager chez Auchan*

« En tant que jeune entrepreneur dans une autre ville, sur un autre continent, ce livre m'a aussi fait comprendre que nous avons tous des défis (frottements), certains avec des noms différents mais similaires dans tous les sens du terme. Le chapitre 2 est mon chapitre préféré car il m'a fait réfléchir sur la bataille, ma lutte. Comment je planifie, et la réalité me frappe dans la figure. Ce livre m'a fait réaliser que les entrepreneurs qui réussissent ont des défis similaires aux miens et font des erreurs, mais apprennent et n'abandonnent pas. S'ils ont réussi, je le peux aussi. C'est un chef-d'œuvre. Merci de m'avoir laissé cheminer avec toi dans ce voyage. Vois-tu, tu as changé la façon dont je vois les échecs et les défis. »

MESODE, *Founder & CEO MESO DEsigns*

LES LEÇONS DE NOTRE PREMIER ECHEC

« J'aime la vulnérabilité du chapitre 2, mais les leçons apprises au chapitre 6 me marqueront à jamais. Ce livre m'est venu alors que je faisais face aux conséquences de certaines de mes propres faiblesses ; lire comment Claire, Emily, Elise, Muniba et Tonja ont chacune fait face aux choses qui leur sont arrivées m'a donné de l'espoir. Cela m'aide à prendre la vie avec plus d'optimisme. J'ai adoré la vulnérabilité de l'écrivain et sa volonté de partager certaines vérités inédites avec les lecteurs, mais ce qui me marque le plus est le fait qu'il nous rappelle qu'il y a de la lumière au bout du tunnel. »

MIH NJUA ODETTE, *ingénieur, ENEO Cameroun*

Sommaire

Chapitre 0 : Prenez Place

Faisons le voyage ensemble

Faisons le voyage ensemble

Nelson Mandela, Coco Chanel, Henry Ford, Joséphine Bakhita, Diane Von Fürstenberg, Akio Morita, Steve Jobs, Oprah Winfrey, Ray Kroc, Michael Jordan, Thomas Edison, JK Rowling, Aliko Dangote, Hedy Lamarr, Jack Ma, Marie Curie, Ibn al-Haytham, Elon Musk ou encore Albert Einstein.

Avez-vous déjà entendu parler de ces personnes ? Quel lien existerait-il entre un esclave noir du 20ème siècle et un célèbre scientifique du 10ème siècle ? Et entre une créatrice de mode dans le luxe à Paris et l'homme le plus riche d'Afrique ?

Nelson Mandela obtient le Prix Nobel de la Paix en 1993. Coco Chanel est célèbre pour ses créations de haute couture d'autant plus que la maison Chanel est « le symbole de l'élégance française ». Henry Ford est le fondateur de Ford Motors Company. Joséphine Bakhita est une ancienne esclave devenue Sainte, devenant ainsi un symbole de l'espérance. Diane Von Fürstenberg est la fondatrice et coprésidente de la société Diane von Fürstenberg (DVF), une marque de luxe. Akio Morita est le fondateur de Sony.

Steve Jobs est le fondateur d'Apple. Oprah Winfrey est une star de l'audiovisuel connue à travers le monde.

Es-tu fan de Fast Food ? Peut-être pas ! Ray Kroc est le fondateur de McDonald's. Michael Jordan est le joueur de basket le plus reconnu dans le monde. Thomas Edison est le créateur de l'ampoule électrique. JK Rowling est une romancière et scénariste mondialement connue. Aliko Dangote est un homme d'affaires nigérian et l'homme le plus riche d'Afrique. Hedy Lamarr, star mondiale du cinéma est aussi à l'origine de la transmission sans fil.

Jack Ma est le fondateur du géant chinois Alibaba. Marie Curie est une scientifique d'exception, elle est la première femme à avoir reçu le prix Nobel et à ce jour la seule femme à en avoir reçu deux. Ibn al-Haytham est le premier véritable scientifique et l'inventeur de la première camera obscura. Elon Musk est le fondateur de Tesla et SpaceX. Et Albert Einstein est le plus grand scientifique de notre ère.

C'est drôle de se dire que tous ces personnages auraient un lien commun qui les unirait étant donné leurs divers profils. Nous parlons quand même d'un prix Nobel de la paix et d'un basketteur ; ou encore d'un scientifique du 19ème siècle et d'un fondateur de Fast Food du 21ème siècle. Je sais bien que les iPhones ont la transmission sans fil, mais quel lien existerait-il entre Steve Jobs et Hedy Lamarr ?

Ils ont tous échoué avant de connaître le succès. Ça me rappelle un proverbe japonais qui dit ceci : « le succès c'est tomber sept fois, se relever huit fois ». Arriver à destination ne définit pas nécessairement l'Homme. C'est le voyage qu'il a fait pour arriver à destination qui définit l'Homme. Les plus gros succès ont connu les plus gros échecs car les échecs construisent des réussites. Entrons dans la voiture et faisons le voyage ensemble.

Pourquoi ce voyage et à qui s'adresse-t-il ?

Je m'appelle Efuet. And. Atem. Je suis ingénieur polytechnicien et ingénieur Ismancien[1]. J'ai décidé de créer une entreprise innovante : World like Home en 2015 après mes études. Aussitôt que nous avons créé World like Home, aussitôt nous avons déclaré faillite. Nous avons connu notre premier échec. Primo, j'écris ce livre pour moi-même, car le faire me permet d'avoir une vraie réflexion et introspection. Mais également parce qu'écrire ce livre est un moyen de guérison. « Beaucoup rêvent de succès. A mon sens, le succès ne peut être atteint qu'après une succession

---

[1] Quelqu'un qui est diplômé de l'école d'ingénieur ISMANS Groupe CESI au Mans

d'échecs et d'introspections. En fait, le succès représente 1% de votre travail qui comporte lui, 99% de ce qu'on peut appeler échec » Soichiro Honda. Pour le voyage, je suis votre conducteur.

Aux jeunes entrepreneurs et futurs entrepreneurs

Secundo, j'écris ce livre pour les jeunes entrepreneurs et entrepreneurs en devenir. Il serait dommage de commettre les mêmes erreurs que nous. Prévenir vaut mieux que guérir, disent-ils. Il est nécessaire de changer nos points de vue sur l'échec. C'est une opportunité unique d'apprendre quelque chose qui n'a pas fonctionné ! Apprendre de ses échecs vous permettra de ne plus reproduire certaines erreurs et surtout à savoir réagir devant l'échec et rebondir. Prenez place à bord.

A nos amis et proches

J'écris ce livre également pour nos amis et proches, qui nous ont soutenus depuis nos premiers jours. J'espère que grâce à ce livre, ils comprendront pourquoi nous avons décidé de faire ce choix d'entreprendre, qui peut paraître fou pour certains, mais reste noble pour nous. Installez-vous à nos côtés.

Pour nos fans et sympathisants, les forces vives

J'écris ce livre également pour nos fans et sympathisants qui nous suivent depuis un certain temps. Je pense qu'eux aussi méritent un compte rendu du chemin parcouru et les obstacles que nous avons à surmonter sur la route chaque jour. La place au milieu du véhicule vous est réservée.

A nos investisseurs et futurs investisseurs

J'écris ce livre pour nos investisseurs et futurs—investisseurs. En espérant que cela les aidera à comprendre que notre résilience nous a apporté un avantage indéniable. Comme disait Edison «je n'ai pas échoué. Je viens de trouver 10 000 façons qui ne fonctionneront pas ». Ces difficultés nous motivent à continuer avec des innovations et d'avoir des pivots bien réfléchis afin de peaufiner notre proposition de valeur.

Dans une interview au Figaro en 2017, Marc Lévy, le romancier français à succès a dit « Les banquiers américains s'intéressent deux fois plus à quelqu'un qui s'est 'cassé la gueule'. Cela prouve qu'il sait tenir le gouvernail du bateau, et pas seulement au soleil... Certains connaissent des réussites tellement fulgurantes qu'ils ne peuvent pas concevoir d'échouer. Ils peuvent donc tomber de très haut. Alors que subir un échec très jeune, cela fait réfléchir ». Es-tu notre investisseur ou futur investisseur ? Tu as le droit de choisir une place dans le véhicule.

À tous ceux et celles qui sont dans la difficulté

Pour finir — j'écris ce livre pour les personnes qui traversent des moments difficiles pour différentes raisons, qui se sentent seules et j'en passe. J'aimerais qu'elles sachent que leur histoire n'est pas encore à son terme, car il y a une issue à tout. Croyez en vos rêves même s'ils vous semblent parfois irréalisables — « Cela parait toujours impossible, jusqu'à ce que ce soit fait » disait Nelson Mandela . Dans ce livre, j'espère que vous trouverez le secret qui vous permettra de toujours garder le sourire malgré les difficultés et d'avoir la joie de vivre. J'essaie de montrer qu'il y a toujours un côté positif dans chaque situation difficile et que nous avons toujours le choix. Comme Akio Morita disait « N'ayez pas peur de faire une erreur. Mais faites-en sorte de ne pas faire la même erreur deux fois ». Henri Ford va dans le même sens quand il dit « Echouer, c'est avoir la possibilité de recommencer de manière plus intelligente ».

A celui qui pense être exempt de toute difficulté

Pour celui qui pense être exempt de toute difficulté, c'est avec plaisir que je partage nos difficultés de tous les jours avec lui. Comme le dit Jordan : « J'ai raté plus de 9 000 tirs au cours de ma carrière. J'ai perdu près de 300 matchs. À 26 reprises, on m'a confié le tir gagnant et j'ai raté. J'ai échoué encore et encore dans ma vie. Et c'est pourquoi je réussis ».

PRENEZ PLACE A BORD

Chapitre 1 : Le Point de Départ

World like Home

LES LEÇONS DE NOTRE PREMIER ECHEC

Le Récapitulatif

Dans ce chapitre, je vous promène à travers la naissance de World like Home. Comment l'idée nous est venue, la vision et la mission qui guident notre ambition. En d'autres termes, comment nous avons décidé du choix de la voiture comme système de navigation pour ce voyage. Je parlerai ensuite du fait qu'on a déclaré faillite peu après le lancement de World like Home. J'aborderai dans ce segment du — chapitre les circonstances précédant la faillite. C'est le point de départ de notre voyage !

Plan du chapitre

World like Home

World like Home c'est quoi au juste ? Quelles sont les évènements qui ont conduit à la naissance de World like Home ? Quelle est notre mission ? Quelle est notre vision ? Quelles sont les circonstances qui ont conduit à la cessation du paiement et à la faillite ? L'objectif de ce chapitre c'est de répondre à toutes ces questions. C'est le point de départ de notre voyage.

1. Genèse de World like Home

Le 26 mars 2014, Efuet arrive à Paris. A cette époque, il n'a ni amis, ni famille en France. Dès le début il a de très nombreuses difficultés notamment pour aller de l'aéroport d'Orly à la gare de Montparnasse avec ses 3 valises. Il pensait alors qu'il était le seul dans cette situation.

En arrivant au Mans, il s'est rendu compte que la plupart de ses connaissances avaient connu les mêmes difficultés. Il s'est dit que c'était un problème local et qu'ils étaient les seuls à connaître cette situation.

Le 10 septembre 2014, il rencontre Christian, un étudiant colombien perdu dans la ville du Mans. — Il recherche sa résidence étudiante. Il passe alors plusieurs heures avec lui pour faire toutes ses démarches : inscription à l'université, à une assurance, ouverture d'un compte bancaire, visite de la ville, et cætera. Ce fut une expérience très enrichissante pour eux. — Tout de suite, il a compris que la plupart des étudiants avaient ces mêmes difficultés et l'idée de World like Home est née.

Xing, étudiant Chinois en France, n'a pas hésité à adhérer à World like Home, puisqu'il s'est identifié immédiatement à l'histoire d'Andrew : « Lorsque Andrew m'a présenté le projet World like Home, j'ai tout de suite été convaincu par la solution. En effet, j'ai repensé à mon expérience d'étudiant en mobilité, étudiant étranger en France. Si j'avais été accueilli par un volontaire à mon arrivée, mon intégration aurait été grandement facilitée. »

En effet, à travers une agence de voyage, Xing avait dépensé plus de 500 euros, juste pour qu'un taxi vienne le chercher à l'aéroport Charles de Gaulle, pour le déposer dans un hôtel à moins de 15 mins. Quel gâchis d'argent tu me diras !

Personnellement —— j'ai connu une jeune étudiante guinéenne, appelons-la Fatou. Pendant 6 mois, Fatou a payé 450 euros par mois, dans une chambre de 9m2 en sous-location. C'est une chambre qui vaut normalement, moins de 200 euros par mois.

La Solution

World like Home met en relation un étudiant en mobilité et un volontaire. Le volontaire accueille l'étudiant dès son arrivée puis l'assiste pour son installation et son intégration dans une nouvelle ville. Un volontaire World like Home peut aussi assister un étudiant avant son arrivée en France dans ses différentes procédures. Les volontaires World like Home peuvent également héberger un étudiant ————— temporairement ou pendant la durée de leurs études (famille d'accueil).

Notre concept intègre les 3 composantes d'un accueil réussi. L'étudiant est accueilli dès son arrivée puis accompagné pour son installation. Enfin, son intégration est facilitée par le volontaire World like Home et par le système de questions-réponses (le forum WlH) mise à disposition gratuitement.

En créant une communauté forte, World like Home s'intensifiera. Cela passe par des personnes engagées qui créeront un fort sentiment d'appartenance et auront un impact social très positif.

World like Home

Le Produit

La mise en relation se fait à travers une plateforme web qui permet à un étudiant de réserver très facilement un accompagnement par un volontaire de manière sécurisée. L'étudiant sera ainsi accueilli par une personne dédiée dès son arrivée dans un nouveau lieu. Les volontaires ont préalablement indiqué leurs disponibilités et les services qu'ils peuvent rendre sur la plateforme.

La plateforme web de World like Home dispose—également d'un forum qui permet à chacun de participer à la communauté à tout moment en posant des questions ou en apportant des réponses aux questions.

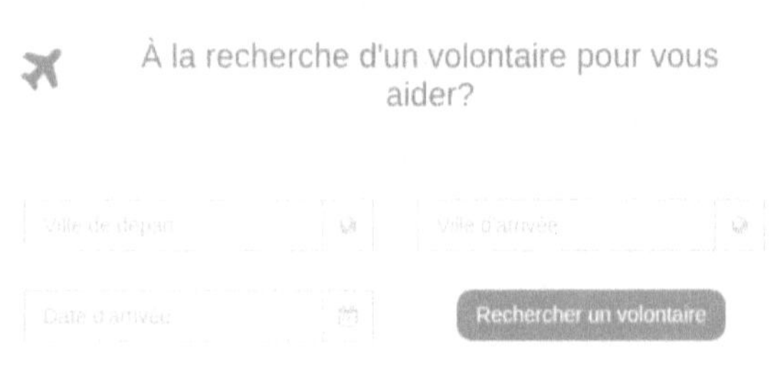

Capture d'écran des champs nécessaires pour la recherche d'un volontaire version 2.0

Capture d'écran du forum version 2.0

2. Notre ambition, notre vision

Notre mission définit qui nous sommes. Notre vision montre ce que nous voulons devenir en restant fidèles à nos idéaux et valeurs. Notre ambition, témoin de notre audace à affronter l'un des plus vieux problèmes de notre civilisation.

Notre mission

Notre mission est de démocratiser le processus d'accueil pour l'ensemble des étudiants en mobilité à travers le monde. La France étant notre point de départ.

- En facilitant leurs démarches administratives,

World like Home

- En facilitant l'accueil et l'installation,

- En permettant une insertion sociale plus rapide,

- En améliorant l'expérience de l'étudiant et la perception des pays d'accueil comme la France,

- En donnant envie à tous de vouloir étudier dans un autre pays et

- En brisant les barrières interculturelles.

Notre vision

Être accueilli partout dans le monde comme chez soi. Le besoin adressé par World like Home est universel et fondamental. Jeff Bezos a un excellent moyen d'expliquer ce qu'il pense de la proposition de valeur d'Amazon sur du long terme :

« Très souvent on me demande : « Qu'est-ce qui va changer dans les 10 prochaines années ? » Et c'est une question très fréquente et intéressante, mais l'autre question que je ne reçois presque jamais est : Qu'est-ce qui ne va pas changer dans les 10 prochaines années ? Et je vous assure que cette deuxième question est en fait la plus importante des deux. Parce que vous pouvez construire une stratégie commerciale autour des choses qui sont stables dans le temps. Dans notre secteur de la vente en détail, nous savons que les clients veulent des prix bas. Je sais que ça va être vrai 10 ans après, ils veulent une livraison rapide ; ils veulent une vaste sélection. Il est impossible d'imaginer un avenir dans 10 ans où un client arrive et dit, Jeff, j'aime Amazon ; Je veux que les prix soient un peu plus élevés, ou encore J'adore Amazon ; Je souhaite juste une livraison un peu plus lente. Impossible. »

Le même paradigme s'applique à World like Home : dans dix ou même cent ans, les gens, en particulier les étudiants, voyageront toujours d'une ville ou d'un pays à l'autre, à des endroits dont ils n'ont aucune connaissance.

Toutes ces personnes ont un point commun. Elles souhaitent se sentir bien accueillies dans ces nouveaux endroits comme à la maison[2]. Notre ambition est que sous dix ans, World like Home devienne l'entreprise offrant la meilleure solution à ce besoin humain fondamental. Le but

---

[2] Chez World like Home, « la maison » c'est *le lieu où quelqu'un court pour t'accueillir.*

World like Home

étant, à terme, de permettre à chacun de se sentir partout chez lui peu importe l'endroit dans le monde où il atterrit.

Notre culture gagnante

Notre culture gagnante définit les attitudes et les comportements qui seront nécessaires pour faire de notre vision 2019 une réalité. C'est pourquoi nous apprécions nos volontaires et nous les considérons comme une partie intégrante de l'organisation.

3. Aussitôt créé, aussitôt faillite

Pour mon stage de fin d'études, j'ai réussi à convaincre le jury de « Pépite Créer » dans le cadre du dispositif d'étudiants-entrepreneurs de m'autoriser à travailler sur mon projet World like Home en guise de stage de fin d'études. Nous sommes en Février 2015. Je devais commencer le stage officiellement le 01 Avril 2015 pour une durée de 6 mois, soit jusqu'à fin Septembre 2015.

Je me suis donné comme objectif : le lancement officiel de la plateforme avant la fin de mon stage. Un conseiller à la chambre de commerce et de l'industrie Mickaël Leroux sera mon tuteur de stage. Il nous a également accompagné dans le cadre du dispositif « les entrepreneuriales ». A l'école (ISMANS), Benoit Minisini, qui m'avait suggéré la possibilité de faire mon projet personnel pour mon stage sera mon tuteur académique. Il était aussi notre accompagnateur au sein de l'ISMANS dans le cadre du dispositif « les entrepreneuriales ». Il s'agit d'un dispositif d'entrainement terrain à la création d'entreprise pour devenir intrapreneur ou entrepreneur demain, sans murs, sans cours et sans profs ! La pédagogie active « TEST and LEARN » est tournée vers la mise en situation, la confrontation au terrain et le management d'un projet en création d'entreprise à partir d'un concept nouveau.

En Août 2015, je demande à mon avocat si je pouvais lancer le site avant la création de l'entreprise. Elle me déconseille de lancer le site sans avoir immatriculé — l'entreprise. Je me précipite donc avec mon équipe, puisque j'aimerais lancer le site juste avant la rentrée, vu que c'est le moment opportun non seulement pour mon stage, mais parce que c'est la rentrée. Lancer le site en Août devrait avoir plus d'impact et la probabilité de toucher le maximum d'étudiants étrangers. Dans ma tête je pense que dès qu'on lance le site ça y est, les gens devraient venir sur celui-ci comme —— des abeilles, et de cette manière, nous commencerons à produire du miel aussitôt.

J'apprends aussi que parce que je suis étudiant étranger, je ne peux pas créer une entreprise en France sans ——

l'autorisation de la préfecture, autorisation pour laquelle il faut compter au moins 4 mois si tu es chanceux. Mais au-delà même de l'autorisation préfectorale, en termes de délais et de la charge de travail à faire, il paraît impossible de lancer la plateforme avant Septembre 2015.

Bref, nous avons dû surmonter beaucoup d'obstacles pour créer la boite le 14 Août 2015, et le lancement officiel fût le 18 Août 2015. Les journaux ont réalisé une couverture médiatique au-delà de nos attentes.

Lancement de World like Home, le 18 août 2015 dans les locaux de l'ISMANS. Le Maine Libre @Olivier Blin

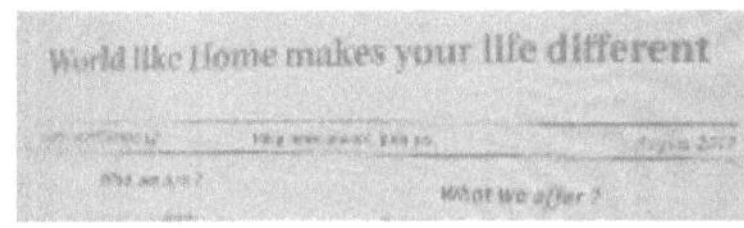

Xing présentant World like Home au campus de Le Mans Université

En revanche, les bugs ont commencé dès le jour du lancement. Les personnes qui voulaient s'inscrire n'ont pas pu le faire. Je me rappelle bien qu'il fallait contourner le site pour finalement faire la démonstration que nous avions prévue de faire en live le jour du lancement. Heureusement, mon équipe a travaillé durement pour permettre à la dernière minute, une démonstration basique de la —— plateforme.

Un petit saut 3 mois après le lancement et je me suis vite rendu compte que ce n'est pas si simple. Les bugs sur le site internet n'en finissent pas et les étudiants ne sont pas forcément si motivés. Les bugs ont eu raison de leur enthousiasme. Comment faire ? Mon équipe a fait plusieurs améliorations pour rendre le site plus facile à utiliser, mais il y avait encore beaucoup de problèmes sur le processus d'acquisition des utilisateurs. Les problèmes de mails qui n'arrivaient jamais, problèmes de paiement en ligne, le temps de téléchargement trop important, un site trop compliqué pour un utilisateur lambda, un manque de confiance vis-à-vis du système de paiement en ligne. Bref, que des problèmes qui empêchaient mêmes nos fans les plus ardents de continuer à avoir le même enthousiasme qu'au départ.

Un an après, nous n'avions presque aucune rentrée substantielle de fonds. Finalement le site est devenu un vrai frein aux utilisateurs au lieu d'être un facilitateur du processus. Mais en même temps, je ne voulais pas faire une croix définitive sur le site internet, puisqu'il représente à lui seul l'étendu du travail que nous avions accompli durant des années de dur labeur.

Néanmoins, nous avons réussi à avoir le label « Initiative Sarthe », le tout avec une promesse de financement chez Initiative Sarthe, Volney Développement et Le Mans Sarthe Investissement pour un montant total de 80 000 € sur un objectif de 300 000 € à recueillir pour le projet toutes sources comprises. Le temps passé, il devient de plus en plus évident que nous n'atteindrons jamais l'objectif visé de récolte de fonds, et qu'il faudra changer de stratégie. Les comptes de la boite sont en rouge, mon compte personnel aussi. Mes associés ont même investi toutes leurs économies dans la boîte. Il faut une solution.

LES LEÇONS DE NOTRE PREMIER ECHEC

La banque commence à nous harceler afin de payer le découvert. Ma banque aussi m'appelle. Les amis qui avaient pris leur part de risque financier dans notre projet réclamaient leurs dus de façon insidieuse. Notre bailleur au « Business Unit Regus » où notre start-up était hébergée réclamait également ses impayés mensuels —— de façon épuisante. Nous étions en définitive endettés de partout. Je recevais des coups de fils de partout. En plus, pendant tout ce temps, je suis un sans domicile fixe. Et comme si cela ne suffisait pas, je reçois une lettre me demandant de payer la cotisation foncière de mon entreprise. — De surcroît, ma banque m'envoie me balader un peu à la Banque de France[3]. Une balade qui va jouer un rôle non négligeable dans mon incapacité à trouver le reste du financement nécessaire. Le pire c'est qu'ils ne m'ont jamais informé que j'étais inscrit

---

[3] La Banque de France est l'institut national qui assure la stabilité financière en France. Parmi ses missions, on compte le traitement du surendettement, soit la lutte et l'aide aux particuliers en situation de détresse financière. Pour ce faire, la Banque de France gère 3 fichiers différents, dits fichiers d'incidents de paiement. Vous pouvez être inscrits dans l'un de ces fichiers à l'initiative d'un établissement de crédit (votre banque ou une société de crédit dont vous êtes client) au titre d'un incident de paiement ou d'un incident de remboursement, ou encore à la suite du dépôt par vos soins d'un dossier de surendettement. Pendant la période de fichage, la possibilité de vous faire accorder un crédit sera très faible voire impossible.

à la Banque de France. Je le découvre en réunion avec une autre banque, alors que j'avais déjà réglé mes dettes envers eux !

Comme nous n'avions pas pu payer la cotisation foncière des entreprises, World like Home a été radiée ——— systématiquement des registres des entreprises en Janvier 2017. Mais la banque et autres continuent de nous harceler afin d'éponger nos ardoises envers eux. Je me rappelle bien que la banque avait demandé qu'on paye la moitié de la somme qu'on leur doit, pour qu'ils nous laissent tranquilles. Mon associé m'a demandé d'accepter, disant que c'est un bon deal. Je lui ai répondu : « jamais de la vie, World like Home est une entreprise à responsabilité limitée. Nous avons perdu individuellement beaucoup plus que la banque. Si tu as l'argent que tu veux encore donner à la banque, donne-le-moi. Je suis à découvert d'environ 3 000 € dans mon compte personnel. Laisse le compte de la société comme tel, je vais gérer, fais-moi confiance. C'est à la banque même de nous donner un peu d'argent au vu des sommes que nous avons perdu ».

Je décide d'engager la procédure de liquidation formellement au tribunal de commerce du Mans en Mai 2017. La liquidation sera déclarée en procédure simplifiée en Octobre 2017. De cette manière, les créanciers de la société ne pouvaient plus nous déranger, la société n'existait plus. Voilà !

4. Conclusion partielle

« La vie est difficile ! —————— c'est difficile d'être entrepreneur !». Quand quelque chose est « difficile », qu'est-ce que cela veut dire plus exactement ?

Aujourd'hui l'arrivée des systèmes de navigation comme Google Maps nous a fait oublier si facilement comment il était « difficile » autrefois d'aller d'un point A à un point B sans connaître le chemin exact. Le niveau de difficulté et de complexité peut être facilement multiplié par 10, 100, si l'état de la voiture en lui-même est déplorable, ou pire encore, si les routes sont en très mauvais état. Le niveau de difficulté peut aussi vite grimper si le conducteur est inexpérimenté, dans ce cas les erreurs de conduite sont récurrentes. « Quand on a des difficultés, on les affronte » nous disent-ils. Affrontons alors nos difficultés avec courage !

Deuxième lancement de World like Home en 2017 au campus de Le Mans Université

Dans le prochain chapitre, nous allons décortiquer les difficultés que nous avons eu, les erreurs que nous avons commises, — et les bêtises que nous avons faites. Collectivement je les appelle les frottements, parce qu'ils cherchent à empêcher le déplacement du véhicule. Vérifiez vos ceintures de sécurité, nous allons avoir des secousses.

Chapitre 2 : Les Frottements

Les Difficultés /Blocages /Erreurs

Le Récapitulatif

Dans ce chapitre, nous conduisons à travers une analyse approfondie des difficultés, des blocages et des erreurs que nous avons rencontrés. Pour le cas d'une voiture, imaginons tous les obstacles ou frottements qui peuvent nous empêcher d'avancer: des routes en mauvais état, l'état de la voiture elle-même, conducteur inexpérimenté (voir sans permis ;), problème de carburant. Dans la voiture World like Home, les obstacles/frottements sont : Une tête, un accent et une apparence non-dissimulable, une vision juste, mais une roadmap lacunaire, l'expérience utilisateur et le manque d'agilité, l'obsession avec la levée de fonds et un business model infâme. Les effets de la pression familiale ne peuvent pas être négligés. Une carence de ressources personnelles couplée à l'incapacité de financer la création à travers un travail ont aidé largement à nous pousser vers l'accident, la faillite !

Plan du chapitre

Les Difficultés /Blocages /Erreurs

En mécanique, nous avons une notion qui s'appelle le frottement. Le frottement est une force qui s'oppose au déplacement d'un objet. Le frottement peut être aussi utile comme il peut être une vraie nuisance pour notre quotidien.

Il est difficile de marcher sur une route glissante en raison du faible coefficient de frottement. En fait, sans frottement, tu auras du mal à te tenir debout. C'est comme si quelqu'un glissait sur une peau de banane. Actuellement est ce que tu as quelque chose entre les mains ? c'est grâce au frottement. Les arêtes sur la peau de nos doigts et de nos paumes nous permettent de saisir et de retenir des objets en raison du frottement. Dans la vie de tous les jours, les frottements entre la route et les pneus d'une voiture aident le conducteur à contrôler la vitesse du véhicule. En appliquant les freins, cela nous permet de ralentir la voiture jusqu'à l'arrêt. Sans frottement, c'est comme si tu roulais dans une voiture sans frein ! Tu peux faire tes adieux à tes amis, bienvenu(e) au ciel.

Le principal inconvénient du frottement est qu'il produit de la chaleur dans diverses parties des machines. L'énergie utile est dépensée sous forme de perte d'énergie thermique.

Le moteur des voitures devient chaud à cause des frottements. Cela pourrait surchauffer et les endommager. En raison des frottements, des bruits se produisent dans les machines. Pensez à votre machine à laver par exemple, votre tondeuse, votre voiture. A cause des frottements, le moteur des voitures consomme plus de carburant, ce qui entraîne une perte d'argent, et la pollution de notre atmosphère —— Problème écologique ! La plupart des incendies de forêt sont dus au frottement entre les branches des arbres.

Les difficultés, blocages et erreurs que nous avons eu peuvent être comparés aux frottements en mécanique. Ils sont une vraie nuisance pour le véhicule. Dans ce chapitre, je vous présente les frottements qui obstruaient notre progression. Au chapitre 4, je vous présente les techniques que nous utilisons pour maîtriser ces frottements. En tirant les bénéfices qu'ils nous procurent, en limitant leurs effets nocifs ou en les considérant comme des marches qui nous permettent d'atteindre nos objectifs. Toute cette manœuvre est possible à condition que la voiture ait suffisamment de carburant, ce qui fait l'objet du chapitre 3. Le diagramme ci-dessous résume les différentes difficultés que nous avons eu et les relations qui existent entre elles.

LES DIFFICULTES /BLOCAGES /ERREURS

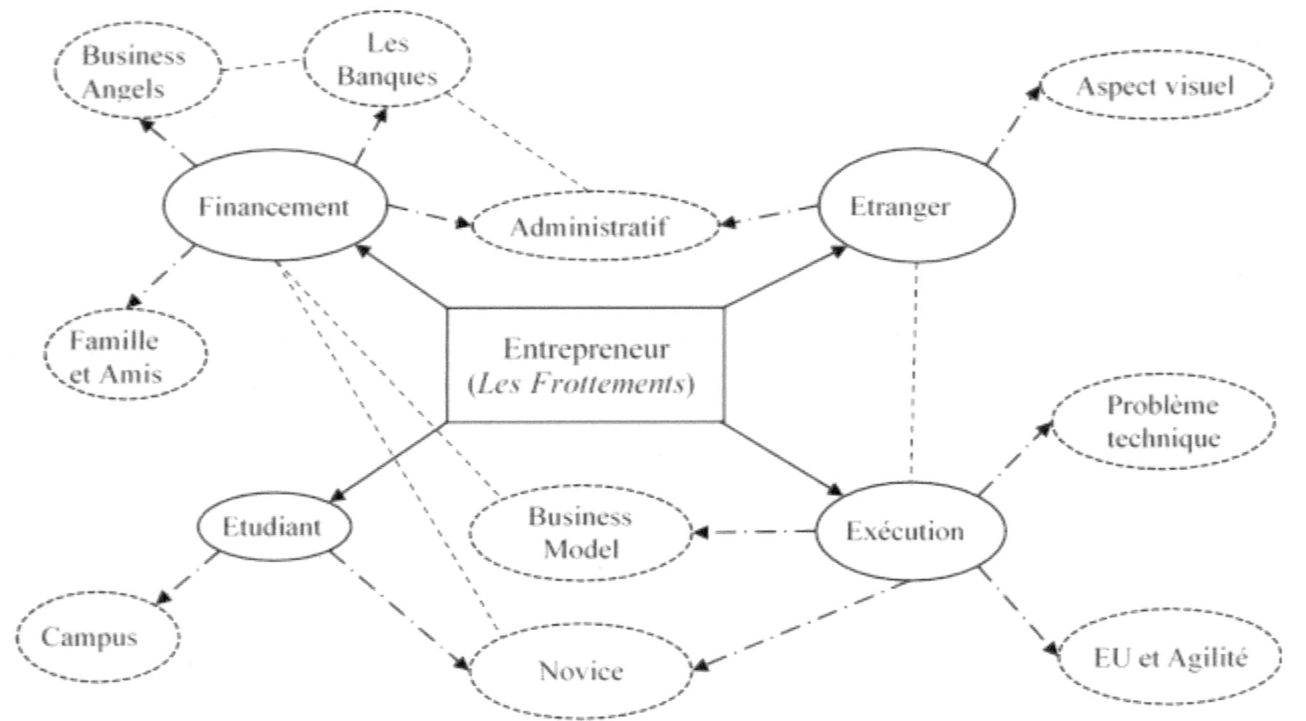

Business Angels
Les Banques
Aspect visuel
Financement
Administratif
Etranger
Entrepreneur
(Les Frottements)
Famille et Amis
Problème technique
Etudiant
Business Model
Exécution
Campus
Novice
EU et Agilité
Les frottements qui ont existé dans notre vie d'entrepreneur

1. Une tête, un accent et une apparence non-dissimulable

Au téléphone avec ma cousine qui habite aux Etats-Unis, elle me dit : « ils nous appellent les gens de couleur Efuet, je te le dis, c'est très drôle ! ». Cet échange vraiment drôle m'a rappelé les réflexions personnelles que j'avais eu, y-a-t-il réellement certains de couleur, et d'autres pas ? Excusez ma naïveté, je pensais que nous étions tous de couleurs différentes. Parce qu'on nous a appris à l'école élémentaire que ça s'appelle la complexion. On dirait que leur complexion leur a donné un complexe.

Un de mes conseillers m'a dit : Efuet, il faut chercher un porte-parole car quand tu présentes le projet les gens ont du mal à capter ce que tu dis. J'ai fini par chercher un porte-parole, mais il ne transmettait pas fidèlement la vision du projet. Je m'interroge avec mon entourage « mais pourquoi quand ils parlent, je comprends bien, mais moi quand je parle, beaucoup disent ne pas comprendre ? Mon français est si mauvais que ça ? Consciemment ou pas, refusent-ils peut être de m'écouter simplement ? »

Il ne faut pas en vouloir à mon conseiller, sincèrement je pense qu'il a donné ce conseil pensant à l'intérêt de World like Home. Après tout, la plupart des organisations ont un porte-parole. Mais à notre niveau, est-ce que c'est vraiment indispensable ?

A vrai dire, si tu me poses la question : « Quelle part de responsabilité a eu cette bêtise de couleur et d'accent sur notre faillite ? ». Je n'ai aucun moyen objectif et quantitatif d'évaluation. En revanche, plus d'une fois je me suis senti comme si avoir une tête, un accent et une apparence non-dissimulable était un crime. Comme un ami me l'a dit, « aujourd'hui le racisme se cache dans les détails. »

« Nous avons de bonnes têtes (désolé ça compte), et nous sommes doués pour pitcher[4]. Alors nous sommes allés voir de nombreux acteurs et nous avons obtenu 200k€… sans lâcher le moindre % d'equity » ['On s'est bien planté' de Ulysse Lubin, fondateur Everything].

Toni Morrison avait tout compris quand elle résume la situation en ces termes : « la fonction très grave du racisme… est la distraction. Il vous empêche de faire votre travail. Il vous oblige à expliquer, encore et encore, votre raison d'être. Quelqu'un dit que vous n'avez pas de langue et vous passez vingt ans à prouver que vous en avez une. Quelqu'un dit que votre tête n'est pas bien formée, alors

---

[4] Le pitch est un exercice de communication court et impactant. C'est une présentation efficace et percutante d'un projet pour convaincre en peu de temps.

vous avez des scientifiques qui travaillent sur le fait qu'elle l'est. Rien de tout cela n'est nécessaire. Il y aura toujours une chose de plus ». Discours prononcé en 1975 par Morrison à l'Université d'Etat de Portland. Toi et moi nous sommes comme nous sommes : noir, violet, blanc, rouge, vert, orange, métissé et cætera… Personne n'a besoin de donner d'explications à l'autre par rapport à son apparence. Comme disait si bien Lucky Dube, « different colours, one people » (différentes couleurs, un seul peuple).

Un ami m'avait raconté son expérience à Dschang au Cameroun qui est une ville historique et universitaire située dans la région de l'Ouest, en « pays » Bamiléké. Elle est la deuxième plus grande ville de la région après Bafoussam et devant Foumban. Détenteur d'une parcelle de terre à Yaoundé, il voulait l'échanger contre une parcelle à Dschang y construire. Ce qui est drôle c'est que les soi-disant « autochtones » refusent de la lui céder « parce qu'il n'est pas de la tribu ». Pour te permettre de bien fixer les idées, pense à un parisien qui voulait échanger des lopins de terre en région parisienne (mieux valorisée) avec un manceau[5]. Le manceau lui refuse sous seul prétexte qu'il n'est pas du Mans. Je trouve cela peu intelligent.

---

[5] Habitants de la ville du Mans en France

Avec l'évolution de la science depuis des siècles, on pouvait penser que ce cancer de la société devrait maintenant être une chose du passé, complètement éradiquée. Mais non, cette bêtise humaine est toujours présente. Aujourd'hui, à cause de groupuscules de personnes, elle a pris un autre visage qui ne dit pas son nom. Ils sont toujours dans une démarche de rechercher un fautif, un bouc émissaire, quelqu'un qui ne rentre pas dans les cases. Et rassurez-vous, ils le trouvent toujours. Ici en Europe, on appelle ça du racisme, du favoritisme. En Afrique, c'est le tribalisme, xénophobie, et cætera… Mais c'est la même chose car nous pouvons regrouper toutes ces injustices en un seul mot la « Discrimination ». Et peu importe, ils vont toujours chercher le fautif sur la base de leurs propres préjugés. Le plus drôle c'est qu'on oublie très vite nos propres responsabilités dans l'affaire. Ils veulent toujours des solutions faciles. La crucifixion du Messie ne leur a pas suffi. Ils veulent toujours plus !

Il n'y a pas de gagnant dans la discrimination. La société est perdante parce qu'elle est retardée, privée des richesses de ses enfants simplement pour leur appartenance réelle ou supposée dans tel ou tel clan. Pendant ce temps, tous ses enfants sont de plus en plus exposés aux dangers. Les victimes sont perdantes parce que privées de leur épanouissement. Elles sont réduites à néant pour des bêtises, sans aucune raison valable. Les instigateurs et les spectateurs sont perdants parce qu'ils sont privés de la diversité de choix qui favorise l'innovation et leurs propres épanouissements. Comme l'a dit si bien Gims dans « Le Pire » : « Le pire ce n'est pas la méchanceté des hommes mais le silence des autres qui font tous semblant d'hésiter ». Enfermés dans leur propre bêtise, ils se sont réduits à néant. Nous sommes tous perdants, c'est malheureux, mais pourtant vrai !

Eh bien, puisque personne n'est gagnant, pourquoi ne pas choisir une meilleure voie ?

2. Et quand ta vie est réduite à un papier

Mon histoire c'est celle de And, un jeune garçon qui est tellement fou de penser qu'il peut changer le monde.

Né dans une famille de classe moyenne, And fut un brillant élève à l'école. Dès son très jeune âge, il va nourrir une passion pour l'automobile et la mécanique. Une passion animée par le désir ardent de résoudre les problèmes de vieilles voitures de ses parents, d'apporter la mécanisation au processus de production de cacao et du tapioca. Arrivé en classe de terminale, le jeune And finit en brio comme l'un de meilleurs élèves de son pays. Il décide de poursuivre ses études dans une école d'ingénieur.

A ce niveau, le jeune homme fait face à une discrimination étatique, qui lui arrive en face comme un mur. Des choses dont son père lui avait toujours parlé dès son plus jeune âge. Une marginalisation qui est due à son appartenance à une minorité linguistique dans son pays. En effet, le jeune And est né dans un pays dit bilingue. Or toutes les grandes écoles dispensent les cours majoritairement dans une seule langue, celle de la majorité. Les autres élèves comme And issus de la minorité sont obligés soit d'étudier dans une langue qu'ils ne maîtrisent pas, soit, pour les plus chanceux d'entre eux, et qui ont les moyens financiers, de voyager pour pouvoir étudier dans une langue qu'ils maîtrisent parfaitement. And s'est battu et a réussi le concours de la plus prestigieuse école d'ingénieur dans son pays. Il découvre la réalité : une discrimination systémique envers la minorité.

And est traumatisé d'obtenir une note de 2/20 en mécanique le premier jour en cours. Une note qui se justifie simplement par le fait que l'épreuve était composée en une langue que le jeune And ne maîtrise pas. La preuve, il n'avait jamais eu moins de 18/20 en mécanique avant.

Imagine les carambolages du jeune And après avoir été contraint de goûter un score aussi minable dans l'une de ses matières favorites. Une fois de plus, il doit se battre pour garder sa place dans cette prestigieuse école. Un jour en classe, le jeune And demande à son professeur : « Monsieur, je n'ai pas compris, est-ce que vous pouvez me faire un récapitulatif dans l'autre langue ?», le prof lui répond : « copie juste ». C'était une vraie bataille de tous les jours, d'abord pour comprendre la langue, et ensuite comprendre les cours.

Dans son propre pays, le jeune And se sent comme dans un pays étranger et lointain. Une fois sa place garantie, il décide de prendre un rôle plus actif en travaillant pour plus d'inclusion et l'amélioration de la condition d'accueil des étudiants issus de la minorité linguistique au sein de l'école. Arrivé en 4ème année, une opportunité pour aller étudier à l'étranger se présente. And n'a pas hésité à la saisir avec l'aide de son grand frère qui accepte de financer ses études à l'étranger. L'étranger pour de vrai !

Arrivé dans son pays d'accueil, le jeune And fait face à un autre problème non sollicité ni voulu : celui de l'accueil des étudiants en mobilité, étudiants étrangers. Toujours entreprenant, le jeune And met en place une équipe de

LES DIFFICULTES /BLOCAGES /ERREURS

réflexion dans le but de trouver une solution durable et soutenable à ce malaise. Ses efforts vont se concrétiser par la création d'une entreprise environ un an plus tard. Le jeune And est perplexe par le fait qu'il doit attendre 7 mois pour avoir une autorisation préfectorale d'exercice de 12 mois. Très tôt, il se rend compte que ce titre ne peut pas lui permettre d'avoir les financements nécessaires. N-fois les investisseurs et les banquiers lui demandent —— « ton autorisation est valable jusqu'à quand ? ». Une autre personne lui a même demandé : « est-ce que tu fais ça pour les papiers ? »

Avec la même détermination, il réussit à avoir une promesse de 80 000.00 €, une somme qui ne sera jamais débloquée faute d'atteindre la somme de 300 k€ fixée au départ. Plus de 20 mois après la création, le jeune And se voit dans l'obligation de déclarer faillite, avec une dette de plus de 30 000.00 €.

« Allons à la préfecture demander une autorisation qui peut me permettre —— de travailler avec mon diplôme d'ingénieur », se murmure à lui-même le jeune homme. A la préfecture, l'autorisation est refusée. Un peu pour dire « on te punit pour avoir essayé de créer de la richesse. Tu te prends même pour qui toi ? ». Le jeune homme se retrouve dans l'impasse.

En parallèle, presque au même moment de la création de son entreprise, une crise politique éclate dans son pays. La minorité linguistique dont il fait partie en a ras-le-bol de la marginalisation étatique. Ils n'en peuvent plus de plus de 50 ans de méfiance, mépris, discrimination et insultes. Le jeune And, pour avoir été victime lui-même, décide de saisir l'opportunité pour dénoncer à travers ses écrits, afin de privilégier un référendum comme la seule véritable solution pour résoudre une fois pour toute ce problème.

Pour avoir pris position, il est la cible d'un groupuscule de radicaux de la majorité linguistique qui appelle à son arrestation voire sa mort. Il reçoit des dizaines de menaces. Dans son pays d'origine, les militaires menacent sa famille. Des villes et villages brûlés, la population est terrorisée et prise en otage par les militaires. Il suffit d'être un jeune homme se trouvant à un endroit dit « mauvais » pour être traité de rebelle. La voiture de son frère incendiée par les radicaux de la minorité, il réussit au moins à échapper à une mort par brûlure vive. Les radicaux de la minorité accusent le jeune And, d'être un hypocrite parce que son pays hôte est un allié de longue date de la majorité linguistique. Son refus catégorique de soutenir l'utilisation d'armes, fait de lui une excellente cible pour les radicaux de la minorité. Les radicaux de la minorité assassinent tous ceux qui sont soupçonnés de complicité avec la majorité et ses alliés. Des malfrats qui se disent « indépendantistes » terrorisent la population jour et nuit. Le jeune And est traité avec méfiance par certains de ses amis de la majorité, certains de ses amis de la minorité lui demandent de faire très attention à ses prises de position publiques. Des milliers de personnes sont tuées et des centaines de milliers de déplacées internes et externes.

Au vu de ces menaces, le jeune And décide de demander une protection dans son pays d'accueil. Son pays hôte la lui refuse pour deux motifs : il le considère comme étant un opportuniste et son pays hôte pense que la crise dans son pays est une « violence généralisée de basse intensité », raison pour laquelle un originaire de cette zone ne mérite pas systématiquement la protection internationale.

En regardant la télé, le jeune And se rend compte que son pays hôte a placé sa ville natale en vigilance « formellement déconseillée » à ses citoyens. En même temps lui qui a subi des menaces, on lui refuse la protection. Le jeune And est étonné de la hiérarchisation des vies humaines dans un pays dit des « droits » de l'Homme. On dirait que pour certains ils sont « droits » et pour d'autres ils sont « pliés ». On peut donc conclure ; pour certains, ils ont des "Droits" alors que d'autres doivent continuellement prouver qu'ils ont droit aux mêmes "Droits".

En réexamen, la juge d'asile demande au jeune homme : « Pourquoi ne vous taisez-vous pas pour protéger votre famille restée sur place ? ». Par cette simple question, la juge remet en cause le droit d'asile. La liberté d'expression est remise en cause au nom d'une pseudo-protection, et par conséquent le « droit » d'asile qu'elle est censée défendre. Quel paradoxe ! La justice de l'homme n'est pas juste, disent-ils.

And découvre grâce aux médias que son pays hôte envoie des agents instruire les demandes d'asile dans d'autres pays. Le jeune homme n'a pas pu s'empêcher de demander si cette décision est motivée par la dignité de l'Homme ou simplement une opération médiatique. La charité commence à la maison, disent-ils.

§

Voilà mon histoire : persécuté au Cameroun, traité d'opportuniste en France. Paradoxalement, je peux me réjouir parce que cette épreuve me permet de partager et participer directement aux souffrances et traumatismes de mon peuple. Et plus largement encore, la souffrance de tout être humain ici-bas. Nonobstant, les conséquences ne peuvent pas justifier l'action. Sinon Judas devrait être déclaré saint.

Un jour, je suis allé à la Direccte[6] pour demander s'il n'existe pas une autorisation qui me permet de travailler à côté légalement tout en travaillant sur mon entreprise. Puisque, sauf si tu es l'enfant de Bill Gates, ou que tu sors d'une famille bourgeoise, au début de ton activité, celle-ci ne peut pas te soutenir financièrement. Je disais au monsieur qui m'a reçu : « regarde même Steve Jobs, qui a créé le téléphone que tu utilises, quand il a commencé, il faisait la plonge dans des restaurants, pourquoi me refusez-vous cette possibilité ? » Ils m'ont dit non, qu'en tant qu'étranger, c'est soit l'un soit l'autre ou bien, il te faut la carte de résident. Je lui demande : « comment faire pour avoir cette carte de résident alors ? ».

Le 12 juin 2017, je décide d'écrire au Président de la République nouvellement élu. Dans ma lettre, je lui raconte comment depuis mon enfance mes parents m'ont toujours

---

[6] Directions régionales des entreprises, de la concurrence, de la consommation, du travail et de l'emploi.

appris à travailler dur et prendre des risques. Aujourd'hui, je dirai qu'ils ne savent pas que même le simple fait de vouloir travailler dur et créer de la richesse est devenu un privilège.

Avant la création de World like Home en 2015, j'ai fait savoir à mon grand frère ma décision d'investir une partie de mes frais de scolarité dans l'entreprise, il me demande : « Qu'est-ce qui peut ne pas marcher ? ». Je lui dis « World like Home peux connaître l'échec, mais que dans ce cas, je vais utiliser mon diplôme d'ingénieur pour chercher un travail. Dans le meilleur des cas, ça marche, dans le pire des cas, j'ai une expérience qui peut me servir pour la suite ». Jamais je n'aurais imaginé que j'allais être bloqué par un bout de papier !

La liberté qui est « la faculté d'un individu d'agir selon sa volonté sans contrainte » n'existe pas du tout dans ce cas. Un petit bout de papier devient ton maître. Tu es alors obligé et contraint d'agir selon sa volonté. Le bout de papier te dicte ce que tu peux faire et ce que tu ne peux pas faire. Bref, ta vie est réduite à ce bout de papier que tu le veuilles ou non ! D'où prend-t-il l'autorisation de devenir ton maître ? Je n'en sais rien ! Au lieu de réfléchir sur des choses vraiment importantes, tu es obligé de réfléchir à un petit bout de papier tout le temps. Apparemment l'histoire de papiers n'a pas commencé aujourd'hui. En d'autres termes le monde n'a pas encore fait beaucoup de progrès dans ce domaine. Ils nous disent qu'il faut faire ses preuves comme Mamadou Gassama[7], pourtant je pensais qu'exister suffisait déjà comme preuve. Je ne savais pas qu'il y avait certains qui étaient nés avec les papiers ! Bravo à vous !

Dans mon pays de naissance, je suis traité comme un étranger, dans mon pays d'accueil, je suis traité comme un étranger. Finalement nous sommes tous des étrangers sur la planète terre. La seule chose qui compte, dès lors, c'est de faire notre devoir avec humilité.

Au début des années 1890, Bakhita alors âgé de 24 ans, une jeune fille née au Soudan aurait vu sa décision de suivre son désir le plus profond rejeté par quelqu'un qui montre un

---

[7] Mamoudou Gassama, un « sans papier » est devenu célèbre après avoir escaladé, le 26 mai 2018, quatre étages d'un immeuble parisien pour sauver un enfant de quatre ans agrippés à un balcon. Cet acte, immortalisé par une vidéo, fait le buzz sur les réseaux sociaux et vaut à Mamoudou plusieurs marques de reconnaissance dont une réception par le président Macron à l'Élysée, par le président Keïta au palais de Koulouba et l'obtention de la nationalité française.

bout de papier comme quoi elle est sa propriété. De ce fait, seulement lui pouvait décider ce qu'elle peut et ne peut pas faire. Heureusement que la justice a donné raison à Bakhita, la chanceuse. Aujourd'hui Bakhita est canonisée. Son histoire nous montre comment nous pouvons être sauvés par l'espérance, et comment l'amour et le pardon sont des réalités tangibles qui transforment des vies de façon extraordinaire.

3. Une vision juste, une roadmap lacunaire

C'est une chose d'avoir une super idée, c'est une autre d'établir une stratégie et une roadmap qui tiennent la route. Je me rappelle les premières projections que j'avais faites (voir annexe A). Pour 2019, nous étions sur 126 millions d'euros de chiffre d'affaires et nous devrions être présents dans tous les pays avec plus de 400 salariés.

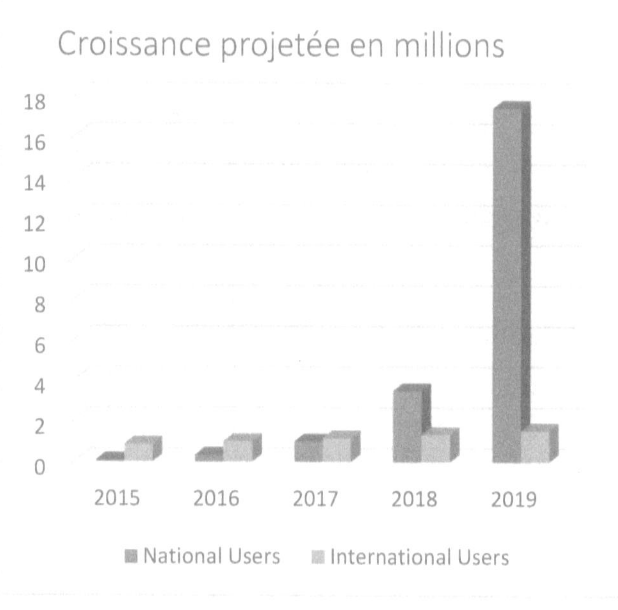

J'imagine déjà ce que tu penses : il doit être fou lui, comment peut-il faire des projections aussi grotesques ? Rassurez-vous, ces projections ne viennent pas de nul part. Pour faire mes projections, je me suis basé sur la croissance de Facebook, Airbnb et Uber. Voilà !

Pour avoir un prix de base, rien de plus simple, j'ai questionné plus de 300 étudiants étrangers pour savoir combien ils étaient prêts à payer pour un tel service. Ensuite j'ai calculé la moyenne, heureusement je suis très bon en maths. Pour les utilisateurs, je suis parti sur 20% du marché, ce qui me donne environ 1.7 millions d'utilisateurs la première année.

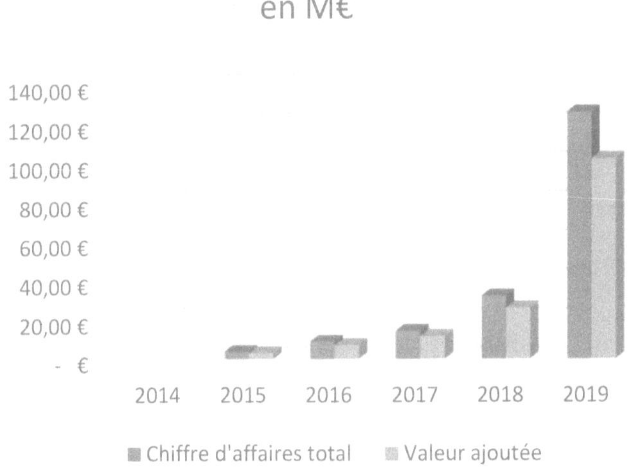

C'est vrai que mes chiffres ne venaient pas de nulle part, néanmoins ils ne prenaient pas en compte la réalité de notre situation. En faisant un benchmarking sur — Facebook, Airbnb, et Uber, nous avons oublié de prendre en compte les réalités du terrain. Une candidate semi-parfaite pour le benchmarking devrait être BlablaCar. Mais les chiffres étaient difficilement trouvables sur le net. En voulant s'adresser à tout le monde dès le début au nom de la non-discrimination, nous avons raté notre niche et cœur de cible. Comme disait si bien Steve Jobs, « focusing is about saying no » (se concentrer, c'est dire non). Une diversification et internationalisation prématurée. Notre envie de vouloir aller assez rapidement sans connaître les réalités du terrain, sans une roadmap solide, sans prendre en compte nos situations personnelles nous a amené à nous casser la gueule. Un de mes conseillers que j'aime beaucoup me disait « les gens vont dire que — c'est une super idée qui n'a pas marché ». Non, il y a juste des frottements qu'il faut apprendre à maîtriser. Cela demande du temps.

4. La novicité, le prix de l'apprentissage

C'est vrai que quand tu ne connais pas, tu ne connais pas ! Nous avons lancé la première version de la plateforme en Aout 2015 (voir annexe D) sans paiement en ligne. Malgré les bugs, nous avons décidé d'ajouter le paiement en ligne. Au lieu de corriger les bugs, quelle naïveté. Je ne sais pas vraiment pourquoi j'avais pris cette décision. Nous avons dépensé 6 000.00 euros pour l'implémentation du paiement en ligne avec MangoPay, et la fonctionnalité Escrow. La décision de travailler avec un expert était simplement basée sur le fait que le paiement est un sujet délicat, il valait mieux travailler avec quelqu'un qui s'y connait. Une fois le système de paiement en ligne terminé, elle a plutôt multiplié les bugs par 10, et rendu le site complètement inutilisable. En plus des bugs, le paiement en ligne présentait plusieurs problèmes.

En Afrique, le taux de bancarisation est très faible. En conséquence, la majorité de la population ne dispose pas d'un moyen de paiement en ligne. En Chine, le système est plus ou moins fermé, MangoPay ne prenait pas en compte les cartes de paiement chinoises.

À la fin, nous nous sommes rendu compte que le paiement en ligne tel que nous l'avons conçu était complètement inutile. Au contraire — il bloquait complétement l'utilisation de la plateforme. Quelque chose qui était censé faciliter la vie de nos utilisateurs, est devenu leurs cauchemars. La supposée solution, est devenue le problème. L'ironie du sort est que je ne voulais pas m'en débarrasser si facilement, surtout à cause du montant que nous avons investi pour la mise en place. C'est le prix de l'apprentissage, la naïveté !

Nous avons fait beaucoup d'autres dépenses inutiles, mais celle-ci m'a beaucoup énervé à cause du montant et de la condition difficile dans laquelle nous nous sommes mis pour avoir la somme.

Prenons par exemple le cas du nom de domaine. Au début, j'ai réservé une dizaine de noms de domaines avec toutes les extensions possibles. L'idée était de les protéger. Deux ans après, je me rends compte que je cherche à protéger un nom de domaine au lieu d'investir le peu d'argent à ma disposition dans des choses qui pouvaient faire avancer le projet. De son côté, notre hébergeur web, 1&1 IONOS, ne faisait que m'inciter à prendre plus d'extensions. Tomber dans un tel piège encore à tes propres risques et périls. Enfin, à chacun ses moyens et objectifs. Finalement j'ai résilié tous ces noms de domaines pour ne garder que trois.

5. L'obsession avec la levée de fonds

Dès le début de notre tout premier prévisionnel, l'idée était de trouver 1.5 millions d'euro. C'est vrai que très vite nous avons revu ces chiffres à la baisse, mais le modèle était toujours trop tourné, je dirais vers le financement extérieur. Pendant plus de 18 mois, nous étions en recherche « active » des fonds. Ceci réduit alors de manière drastique le temps que nous avions pour travailler sur le projet en lui-même.

Mon grand frère a investi plus de 20 000 euros dans le business, quelques amis aussi. Mais l'objectif était de chercher des sommes plus importantes, de l'ordre de 300 000 euros. Un montant plus petit ne pouvait pas nous permettre de — fonctionner pendant longtemps. Avec Initiative Sarthe, nous avons eu le label « Initiative France », et un prêt à taux zéro de 20 000 euros. Mais pour débloquer les 20k, il faut absolument avoir un prêt bancaire équivalent voir plus.

Je suis allé voir les banquiers, la plupart ont apprécié le concept, mais ils disent que c'est trop innovant, pas dans leurs secteurs ou encore le fait qu'il n'y a que les investissements incorporels (voir nuages des mots ci-dessous). J'ai visité toutes les banques du Mans (voir annexe B). Dans ma tête, je me disais 'de cette manière, personne ne pourra dire que je ne suis pas aller le voir'. Il y avait 2 banques qui voulaient nous suivre, mais ils ont changé d'avis le jour de la signature du contrat. La raison ? Ma situation financière personnelle et le titre de séjour précaire !

Quand on sait qu'en France, beaucoup d'entrepreneurs conservent leur travail de salarié (Insee N° 1701 de juin 2018), on comprend vite pourquoi un titre de séjour précaire peut être un point de blocage pour les banquiers. Un autre nous a même envoyé vers leurs fonds d'investissement à haut risque, qui ont accepté de nous suivre avec 50 000 euros à condition qu'on trouve au moins 300 000 euros. C'est une boucle infinie !

J'ai passé beaucoup de temps à contacter des Business Angels. D'abord ils te disent : « Il nous faut un produit, le

MVP », quand mon équipe sors le MVP, (Minimum Viable Product), ils disent « il faut au moins 50 inscrits ». Quand je leur montre une semaine après que nous avons 123 inscrits, ils me disent, « il faut au moins 5 étudiants qui paient ». Je viens avec 7 transactions payantes, ils disent que « 7 c'est vraiment petit pour les 500 000 euro qu'on demande ». Il faut de la traction. C'est vraiment une boucle sans fin.

Nuages des mots, mon interaction avec les banques

Nous avons eu l'invitation à participer au Web Summit à Dublin, pour rencontrer des investisseurs. Déjà, le billet d'entrée est à 1 950 euros ! Ils nous disent que, 'ils ont réservé l'hôtel Hilton spécialement pour les investisseurs et les fondateurs des jeunes pousses comme nous, il faut qu'on réserve notre hôtel là-bas'. Voilà que je sors 1 500 euros pour Hilton. Pourtant, j'avais bien trouvé un Airbnb pour 230 euros les 5 nuits. Leur escroquerie commerciale a bien marché. Arrivé à Dublin, les quelques investisseurs que nous avons rencontrés nous disent que c'est « *trop early stage* », et qu'il faut de la « traction ». Depuis mon ami Xing ne fait que me demander : c'est quoi traction ? Traction, traction, traction !

Néanmoins, — nous avons appris beaucoup au Web Summit, si c'est à refaire avec entrée gratuite ou similaire, je n'hésiterais pas.

Cette même obsession avec les levées de fonds nous a pris beaucoup de temps, mais surtout de l'argent. J'ai découvert la vraie escroquerie quand je suis tombé entre les mains d'escrocs experts sur internet.

En balade sur internet à la recherche de financements nécessaires au projet, je tombe sur quelqu'un qui me dit qu'il est investisseur, qu'il peut me donner l'argent pour le projet. Je lui dis, ok, dans ce cas, il faut qu'on se voie pour que je puisse lui présenter le projet. Il est partant, on fixe un rendez-vous dans deux semaines. Deux jours après, il me contacte pour me dire que, 'quelqu'un va m'envoyer un chèque de 5 000 euros, il faut que je le prenne et lui envoie une partie de l'argent, ensuite que j'utilise une partie pour mon déplacement'. J'ai d'abord refusé, mais il m'avait dit quelque chose qui m'a convaincu. Finalement, je me suis dit : 'ok, pourquoi pas, de toute façon, c'est son argent que je vais renvoyer'. Quelques jours plus tard, je reçois un chèque de 3500 euros. Je l'en informe. Il me demande d'encaisser le chèque. Ce que j'ai fait. Le lendemain il commence à me harceler, il faut que je lui envoie 2500 euros par manda cash[8]. Je lui dis que de toute façon, avec la carte de paiement que j'ai, c'est impossible pour moi de retirer une telle somme en une fois. Je regarde dans mon compte, il y a bien les 3500 euros du chèque. Il me demande alors, de lui envoyer 500 euros tous les jours pendant les 5 prochains jours. Je lui envoie le premier jour les 500 euros. Mais au vu de la manière dont il m'a harcelé, je décide de demander conseil à ma conseillère bancaire. Elle me dit, 'quand un chèque est déposé, il faut attendre au moins 5 jours ouvrable avant l'utilisation de l'argent'. Il était trop tard. Deux jours après, les 3500 euros ont été retirés de mon compte. J'ai perdu les 500 euros ! A une période où j'avais des vraies difficultés financières. Dans ma tête, je me disais que l'argent qui est dans mon compte ne peut plus partir,

---

[8] Le transfert d'argent par mandat cash ou international permet de donner ou de recevoir de l'argent en France et à l'étranger. Le transfert se fait directement avec une personne tierce. Contrairement au virement, il est possible de recevoir le montant d'un mandat en liquide sans passer par un compte bancaire.

LES LEÇONS DE NOTRE PREMIER ECHEC

mais si malheureusement, c'est parti comme une blague !
Heureusement ce n'était que 500 euros. Nous avons appris
de nos erreurs !

6. Un business model infâme

« Selon le stade de maturité et de développement de
World like Home, nous aurions plusieurs sources de
revenus : Dans un premier temps, des commissions ajoutées
à chaque compensation. La commission est de 9% si les 9%
sont supérieurs à 3 euros ou 3 euros sinon. Nous mettons
également à disposition des universités, — une vitrine
spécifique pour l'affichage de messages et de logos, celle-
ci avec un coût soit mensuel, annuel ou bien forfaitaire.
Dans un second temps, nous proposerons une offre
professionnelle destinée aux entreprises. A travers cette
offre nous aurions proposé des volontaires expérimentés
pour accueillir et accompagner des voyageurs d'affaires et
des expatriés lors de leurs séjours. Nous aurions développé
une stratégie de monétisation sur cet aspect au cours de
l'année 2016. World like Home disposant également d'un
forum, nous proposons aux utilisateurs de la publicité
ciblée. Les annonceurs seraient — des banques, des
assurances, des mutuelles, des villes/métropoles et des
universités »

Avec un tel business model, tu comprends vite pourquoi nous avons fait — des projections sur 1.7 millions d'utilisateurs la première année. A chaque fois que nous présentons cela aux investisseurs, ils disent : « avec un tel modèle il faut un volume d'activités très important ». Effectivement !

Ce modèle n'a pas séduit beaucoup d'investisseurs. Au contraire, ce modèle basé sur du C2C et la publicité a découragé beaucoup d'entre eux !

7. Le « Problem-Solution-Product Fit »

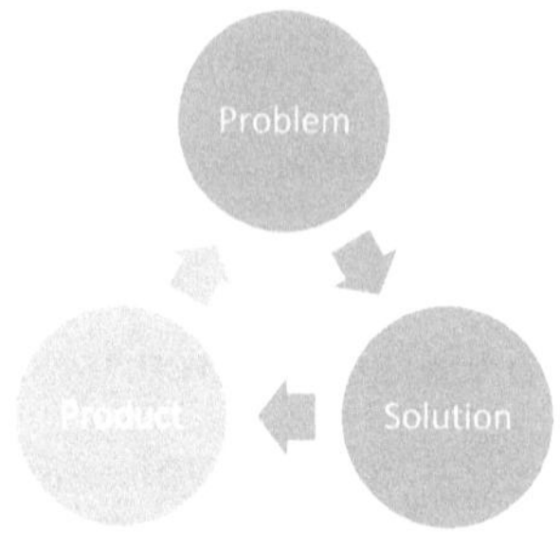

La notion de « Problem Solution Product Fit »

En résolution de crises et en science de manière générale, on sait que pour résoudre un problème, il faut d'abord le définir. Chez nous en ingénierie, on sait que même quand un problème est défini, il existe, en pratique, un écart entre la solution proposée et le problème posé ; un écart entre la solution et le produit. En tant qu'ingénieur, il faut réduire ces écarts à un niveau acceptable, de telle sorte que le produit final résolve le problème initialement posé et répond aux exigences du consommateur final. C'est le « Problem-Solution-Product -Fit ».

En conséquence, un problème mal défini conduit à une solution mal élaborée qui aura pour résultat un produit mal conçu.

Rechercher un volontaire World like Home version 1.0

Dans notre cas, nous avons identifié le problème comme étant celui de l'accueil. Or, le problème d'accueil même s'il est vrai, ne nous montre pas tout le spectre des difficultés que les étudiants étrangers ont dans leurs projets d'études en France. Pour avoir défini le problème comme — : « l'accueil des étudiants étrangers en France », nous avons proposé une solution « la démocratisation de l'accueil », et un produit « une plateforme internet qui permet la mise en relation des étudiants étrangers qui ont eu leurs visas, et les volontaires prêt à les accueillir ».

Or, le problème d'accueil représente seulement environ 16% du problème pour beaucoup d'étudiants étrangers. Une grosse partie du problème se produit bien en amont du visa. Le produit proposé présente un grand écart avec le « vrai problème » des étudiants—étrangers. Il n'avait pas le « Problem—Solution—Product—Fit » ou simplement le « Problem—Product—Fit ». Certains appellent cela le « Product—Market—Fit », mais laissons ce débat pour une autre fois.

8. L'expérience utilisateur et l'agilité

Un 'use-case' (cas d'utilisation) est une action utile qu'un utilisateur peut faire sur la plateforme. Par exemple : 'rechercher un volontaire'. Notre modèle étant basé sur la mise en relation entre deux personnes, — il se pose automatiquement la question de savoir comment nous allons modéliser le processus de mise en relation. Dans les premières versions, nous avons eu l'idée de modéliser cela par des disponibilités. En gros, chaque volontaire devait nous dire les jours et heures où il était disponible pour accueillir un étudiant.

De cette manière, quand un étudiant recherche un volontaire, il indique une date d'arrivée en plus de la ville de départ et d'arrivée.

Rapidement nous nous sommes rendu compte que cette modélisation n'est pas centrée sur l'utilisateur. En fait, chaque volontaire devrait indiquer ses disponibilités sur les trois prochains mois. Si un volontaire n'avait pas des disponibilités, il ou elle n'apparaît pas dans les résultats de recherche. Or, la plupart de nos utilisateurs, une fois qu'ils ont fait l'effort d'indiquer leurs disponibilités, ils ne reviennent plus sur la plateforme pour la mise à jour. C'était beaucoup de travail pour des choses inutiles pour l'utilisateur. D'ailleurs, dans la réalité, ces disponibilités restent approximatives —— puisque non seulement un volontaire ne connaît pas forcément son programme détaillé sur les 3 prochains mois, il fallait aussi une confirmation en cas de demande. Pourquoi avoir alors des disponibilités s'il faut confirmer à chaque fois ?

Côté étudiant, l'approche était biaisée puisque nous avons considéré qu'un étudiant qui cherche quelqu'un pour l'accueillir devrait connaître déjà la date de son arrivée.

Notre modélisation ne prenait pas en compte —— suffisamment les réalités d'un étudiant. De l'autre côté, elle voulait que les volontaires reviennent sur la plateforme tous les 3 mois pour faire des déclarations qu'on peut qualifier de fausses puisqu'elles restent approximatives. La modélisation de ce use——case n'est pas centrée sur l'utilisateur, c'est-à-dire l'utilisateur n'est pas au centre de notre raisonnement. En d'autres termes, la plateforme n'était pas facile à utiliser.

Capture d'écran de la fenêtre pour indiquer ses disponibilités version 2.0

Notre capacité à réagir rapidement à ces problèmes de modélisation dès qu'on les a identifiés était aussi limitée à cause du manque de ressources nécessaires — et à une mauvaise approche. Ça nous a demandé beaucoup de temps pour sortir une nouvelle version. Une nouvelle version qui aura amélioré de façon significative l'expérience utilisateur. Nous n'étions pas assez agiles.

9. La famille, une pression non négligeable

Un jour, en balade sur Facebook — un ami d'enfance m'interpelle en privé, et me demande si je peux lui envoyer un ordinateur portable. Je lui demande, pourquoi faire ? Il me dit qu'il en a besoin, parce que tout le monde a un ordinateur portable maintenant. Ma cousine demande que je lui envoie le dernier modèle de l'iPhone 8. Elle ne me croit pas quand je lui annonce que moi-même j'utilise le Samsung S5. Je reçois un bon nombre de demandes d'argent. Tout le monde se dit que tu es ingénieur, chef d'entreprise, tu devrais être très riche. Quand j'annonce à certains que je n'ai pas de logement en France depuis 3 ans, ils pensent que je mens.

L'arrivée de la guerre qui a fait déplacer ma famille et mes amis n'a pas du tout simplifié les choses. Avant je pouvais leur dire légitimement, sans souci : vous avez de quoi manger et où dormir, moi je squatte chez des amis. Je me rappelle d'un ami avec qui j'ai fait des études au collège, de la classe de 5e à la 3e. Il m'appelle pour m'expliquer qu'ils ont fui la zone de guerre et n'ont pas de quoi manger, encore moins où dormir, que faire ? L'une de mes cousines me demande de l'argent parce qu'elle a fui la guerre. Quand je réponds que je n'ai pas d'argent, elle me demande : 'et tu veux que je fasse comment maintenant ?' Je lui réponds aussi : 'je n'ai pas vraiment d'argent, tu me conseilles de faire quoi alors ?' Lors d'un échange avec mon frère à Buea, j'ai voulu savoir comment son entreprise se portait en pleine crise. Il me dit qu'il ne s'inquiète même pas pour son entreprise. Il vit simplement dans la crainte constante de pouvoir mourir à tout moment. Des coups de feu partout, des militaires partout.

Quand j'essaie d'expliquer à l'un de mes grands frères le travail que mon équipe est en train de faire depuis que je suis arrivé en France, il me dit : « je ne veux pas savoir ce que tu fais. Je m'en fous de ce que tu fais. Tu ne peux même pas m'envoyer 10 000 FCFA pour que j'achète une bière. Pourtant c'est toi qui m'avais inspiré avant ton voyage. C'est évident que quand on voyage on change subitement, on refuse d'aider les autres. »

Mon frère au Cameroun m'explique que son pasteur a eu une vision me concernant. Il me dit que son pasteur demande que je fasse un geste pour son église pour que Dieu puisse exaucer mes vœux. « Il (son pasteur) va prier et jeûner pour moi ». Pour que ça marche, je dois « semer une graine ». Même si je n'ai pas d'argent, me dit-il, il faut que je me débrouille pour trouver l'argent pour faire le « panneau signalétique » de l'église du pasteur.

L'épisode m'apparaissait encore irréaliste. J'ai demandé à mon frère quel texte son pasteur a utilisé pour soutenir de telles réclamations ou déclarations. Après avoir écouté ce qu'il avait à dire, je démentis ses propos étape par étape. À la fin, je lui ai expliqué que de telles demandes ne sont pas fondées, car un pasteur qui demande de l'argent ou un don pour des prétendus prières, visions, … n'est rien d'autre qu'un escroc. Il ne mérite pas d'être appelé « pasteur », « berger » … tout ce qui l'intéresse ce sont ses intérêts égoïstes.

Un autre de mes frères me demande de poursuivre un programme pour aller au Canada. Ma petite sœur m'appelle pour me dire qu'elle a regardé les salaires d'un ingénieur en mécanique au Canada, ils sont très bien payés. Et que si je pars au Canada, le problème de la famille sera terminé.

Entre temps, ma mère que j'aime tant, tombe malade. Elle a besoin d'argent pour aller à l'hôpital toutes les semaines. Il faut pareillement de l'argent pour déplacer notre famille de Owe Muyuka (zone de conflit armé) à Douala ou Yaoundé, là où ils peuvent être plus en sécurité.

LES DIFFICULTES /BLOCAGES /ERREURS

Mon frère décide de me poser un ultimatum : soit je poursuis le programme pour aller au Canada, soit dès maintenant les dépenses pour la famille devraient être divisées en parties égales. Mon père me dit qu'il pense que le Canada est un bon pays. Il me demande : pourquoi tu n'as pas travaillé avant de créer ton entreprise ?

Certains amis me disent, mais pourquoi la France ? tu maîtrises l'anglais, tu peux facilement t'en sortir dans un pays comme le Canada, les Etats Unis ——— ou encore l'Angleterre.

Etant petit j'ai lu un livre où l'auteur disait « l'herbe est toujours plus verte de l'autre côté de la clôture. » Cette phrase m'a profondément marqué depuis l'enfance. Je suis arrivé à la conclusion que nous ne pouvons pas prendre une décision pour la durée de toute une vie, une décision à long terme à cause de problèmes temporaires, des problèmes à court terme. Sauf si ta vie est en danger, peu importe là où tu te trouves, tu peux très bien réussir. Il suffit de regarder l'histoire pour comprendre cela. Au-delà même de tout ceci, je n'ai pas pu me convaincre personnellement de suivre le chemin du Canada activement.

Je disais à mon grand frère que : si une opportunité se présente, je la saisirais et j'irai au Canada. Mais je ne peux pas passer mon temps à chercher l'opportunité pour y aller. Pour moi, c'est une perte de temps. Malgré les difficultés que j'ai ici, je sais que je suis sur le bon chemin. Après tout, rien ne garantit que je n'aurais pas de problèmes plus graves là-bas. J'ai plus de raisons rester ici plutôt que de passer mon temps à essayer absolument d'aller au Canada. Je considère cette option comme de la lâcheté.

10. L'instabilité financière, une source de pression rédhibitoire

Parfois je m'assois, et je me pose la question : C'est vraiment quoi le problème qui m'embête depuis ? Après réflexions, le problème est réduit au fait que je n'ai pas d'argent pour régler telle ou telle facture (loyer, électricité, eau, téléphone, abonnement transport, et cætera…), ou encore pour acheter telle ou telle chose. C'est pour cela que parfois je passe pas mal de temps à réfléchir à comment faire. Si tu le lui permets, il peut te paralyser, le problème d'argent.

Pendant presque trois ans, j'ai été sans domicile fixe. J'ai perdu mes valises avec mes effets personnels et de très beaux souvenirs. Comme mes bulletins scolaires du collège et du lycée avec mes moyennes de 16, 17, 18, 19, 20 et une fois 23 sur 20. Parfois je me consolais avec ces excellents résultats. Maintenant c'est perdu. Quand je demande des comptes à l'ami chez qui j'avais laissé ma valise, la pensant en sécurité, il me dit : comment peux-tu laisser tes diplômes dans un sac à la cave ? J'ai déménagé, et j'ai tout jeté. Perplexe, je lui demande que, 'mon frère, tu jettes un sac comme celui-là sans même vérifier son contenu ? tu n'es pas un enfant quand même'.

Quand je discute avec mon grand frère, il me demande encore que : « Qu'est-ce qui peut ne pas marcher ? », rien, je lui dis. J'ai déjà tout perdu, j'ai perdu beaucoup d'argent dans l'entreprise, l'école me refuse le diplôme parce que je lui dois de l'argent, je n'ai pas de maison. J'ai travaillé pendant presque trois ans sans salaire. Si je fais le calcul, simplement sur la base de 36k, c'est au moins 108k euros qui sont partis en so-so-ngo. C'est à l'exclusion du temps de travail sans paie de Xing et les autres membres de l'équipe. Qu'est-ce qui peut être plus grave que tout ceci ?

Deux jours plus tard mon téléphone est bloqué. Je ne peux plus appeler ni envoyer des sms. Je me suis dit 'ceci doit être le plus grave, c'est avec le téléphone que j'appelle les amis et tout le reste'. Avant de me dire, 'peut être que le plus grave est encore à venir ? '. Le fait que je sois en bonne santé c'est déjà bien.

LES LEÇONS DE NOTRE PREMIER ECHEC

Un autre jour je suis allé en pause-café avec des amis chef d'entreprises. Au moment de payer, je tape le code de ma carte bleue, on m'indique paiement refusé. Je vérifie mon compte sur l'application et demande qu'on essaye encore, normalement ça devrait passer. Refusé encore. C'est à ce moment précis que je me rappelle qu'il y avait un covoiturage que j'avais payé mais qui n'était pas encore passé sur le compte. Heureusement une personne parmi ceux qui était avec moi a décidé de payer pour moi.

Quand tes amis chef d'entreprise doivent décider s'ils investissent 100 000 euros ou 200 000 euros en marketing, moi je dois décider si je prends le tram ou je marche à pied. De cette manière, j'économise les 5 euros que j'ai pour acheter de quoi manger l'après-midi. Parfois la décision difficile à prendre c'est au moment de prendre le dessert. Interdit de manger en dessert une pomme et un yaourt ! Il faut penser à demain. Sois-je prends le yaourt aujourd'hui et la pomme demain, ou l'inverse. Comme disait si bien Mandela, — « J'ai découvert qu'on pouvait supporter l'insupportable si l'on gardait le moral, même quand le corps souffrait. De fortes convictions sont le secret de la survie ; on peut avoir l'esprit plein même si l'on a le ventre vide ».

LES DIFFICULTES /BLOCAGES /ERREURS

Pour assister à une conférence à Paris, je prends le TGV sans payer. Heureusement qu'il y a cette possibilité en France. Quand j'explique cela à des amis, il me demande, pourquoi tu prends le TGV sans payer ? Si tu te fais contrôler, tu vas devoir payer une amende. Je leur demande que, tu me conseilles quoi alors ? Rester à la maison est hors de question, ça ne va rien résoudre dans l'équation. Je dois aller à Paris, je n'ai pas d'argent, j'entre dans le train. C'est simple ! Si le contrôleur me donne une amende alors que je n'ai pas d'argent pour la payer, où est mon problème ? Si je n'ai pas d'argent, je n'ai pas d'argent.

Quelqu'un disait que la banque c'est comme quelqu'un qui te donne le parapluie quand il fait beau, seulement pour le reprendre quand il pleut. Ils sont très forts pour rejeter un prélèvement de 19.99 euros, parce que dans mon compte j'ai 18 euros. Ils ne peuvent pas m'accorder un découvert de 1.99 euros, mais quand ce sont leurs frais de rejet qui t'envoient en découvert, ça les arrange toujours. Waouh, formidable !

11. Conclusion partielle

Près de la moitié de l'énergie produite dans le monde est consommée pour combattre les frottements dans les machines et l'usure associée. Quel gâchis vraiment. En 2004, une étude du département américain de l'énergie a évalué à 500 milliards de dollars par an les pertes financières correspondantes aux États-Unis.

Maintenant, qu'est-ce qui rend la vie d'un entrepreneur comme moi difficile ? Les frottements. Ils nous obligent à dépenser beaucoup d'énergie pour les combattre. A titre d'exemple, 90 % des start-up ne passent pas le cap des cinq ans[9]. Pourquoi ? A cause des frottements !

Remarquons qu'à quelques exceptions près, nous pouvons facilement réduire toutes les difficultés, blocages, erreurs à un problème d'insuffisances de fonds. En effet, avec suffisamment de fonds pour financer le besoin en fonds de roulement, nous devrions être en mesure de corriger les problèmes. Regardons par exemple Elon Musk et SpaceX. Ils ont accumulé des échecs pendant 6 ans, de 2002 à 2008, l'année où SpaceX a connu son premier succès. D'ailleurs, certains de ces problèmes n'existaient

---

[9] SÉNAT ; Rapport d'information n°405 (2017-2018) de M. Olivier CADIC, fait au nom de la Délégation aux entreprises, déposé le 5 avril 2018.

tout simplement pas. Mais comme nous ne sommes pas des enfants de Bernard Arnault, Aliko Dangote ou encore de Bill Gates, cette option ne fait pas partie de l'équation.

De l'autre côté, nous pouvons également les réduire à un problème de manque d'expérience. Il suffisait d'avoir de la prise de hauteur pour éviter la plupart. Mais comme on dit, quand on ne connaît pas, on ne connaît pas. C'est le prix de l'apprentissage. — Réjouissons-nous alors maintenant, puisque nous avons appris de cette expérience.

Comme disait Napoléon Hill : — « Chaque adversité, chaque échec, chaque chagrin d'amour porte en germe un bénéfice égal ou supérieur ». Et pour paraphraser Thomas Edison, « je n'ai pas échoué, j'ai seulement trouvé 10 manières qui ne marcheraient pas ».

Les chapitres 4, 5 et 6 démontrent comment nous avons pu tirer les bénéfices de ces frottements. Avant d'aborder les côtés bénéfiques, allons prendre un peu d'énergie aux stations-services les plus proches.

Chapitre 3 : Le Carburant

Rester sur le chemin

Le Récapitulatif

Dans ce chapitre, je me penche sur comment nous avons gardé le moral. Nous avons pu vivre au-dessus de ces problèmes qui voulaient notre peau ! Toute voiture a besoin de carburant pour pouvoir avancer. Dans le cadre de World like Home, très clairement, l'importance d'une équipe motivée, déterminée et passionnée devient évidente. Les activités connexes comme les cours de soutien scolaire, l'écriture, devenir hôte sur Airbnb et services à la personne à travers différentes associations. Des moyens pour éliminer le stress comme le sport, les sources d'inspirations et de motivations comme la musique, la lecture et l'appui des amis. — Chercher la raison de son existence est un ressourcement primordial dans ces moments difficiles. Il ne faut pas négliger les échanges et leur capacité à nous permettre de bien fixer les idées. La noblesse de la mission nous fournit chaque jour l'énergie nécessaire pour avancer.

Plan du chapitre

LES LEÇONS DE NOTRE PREMIER ECHEC

Rester sur le chemin

C'est vers la fin de sa vie qu'aurait eu lieu l'épisode légendaire de la pomme qui tombe de l'arbre sur sa tête, lui révélant les lois de la gravitation universelle. L'anecdote est rapportée par le physicien à son biographe et ami, William Stukeley citant une rencontre le 15 avril 1726 avec Newton et qui la rapporte en 1752 : « Le temps devenant chaud, nous allâmes dans le jardin et nous bûmes du thé sous l'ombre de quelques pommiers, seulement lui et moi. Au cours de la conversation, il me dit qu'il s'était trouvé dans la même situation lorsque, longtemps auparavant, la notion de gravitation lui était subitement venue à l'esprit, tandis qu'il se tenait assis, dans une humeur contemplative. Pourquoi cette pomme tombe-t-elle toujours perpendiculairement au sol, pensa-t-il en lui-même. Pourquoi ne tombe-t-elle pas de côté ou bien vers le haut, mais constamment vers le centre de la Terre ?»

En 1686, Isaac Newton publiait dans ses « *Philosophiae Naturalis Principia Mathematica* » les trois lois de ce qui sera connu plus tard comme la mécanique classique ou la mécanique newtonienne. La première loi de Newton autrement appelée la loi d'inertie dit ceci : « Tout corps persévère dans son inertie initiale, à moins qu'une force extérieure n'agisse sur lui. » Quand une force extérieure agit sur un objet, comment est-ce que cet objet réagit ? Nous avons la réponse dans la deuxième loi de Newton. La deuxième loi de Newton autrement appelé principe fondamental de la dynamique : « Les changements qui arrivent dans le mouvement sont proportionnels à la force motrice. »

Prenons un véhicule en déplacement. Pour qu'il puisse s'arrêter, il faut appliquer les freins. La pression appliquée sur le levier de frein déterminera si la voiture va s'arrêter brusquement, lentement ou pas du tout (deuxième loi). Le carburant est la source d'énergie pour tout mouvement du véhicule (première loi).

En considérant World like Home comme une voiture, nous pouvons faire une analogie parfaite. Pour que World like Home puisse se mettre en mouvement, il faut une force (première loi). Rappelons-nous qu'initialement World like Home est au repos. Or, même quand World like Home s'est mis en marche, en mouvement, il y a des forces extérieures (les frottements, chapitre 2) qui offrent une résistance à son mouvement. Comme Newton nous a si bien expliqué, pour que World like Home reste en mouvement, malgré la présence de ces forces qui s'en opposent, il faut une source d'énergie qui lui permettra de surmonter ces contraintes.

Je vous présente ici les carburants qui ont fourni la force nécessaire à World like Home pour continuer de rouler. Faisons un tour dans une station d'essence pour prendre de l'énergie. La bonne nouvelle pour notre maison commune : avec cette essence, pas d'émission de CO_2, complètement écologique. — Le diagramme ci-dessous résume les différentes sources d'énergie que nous avons utilisées et les relations qui existent entre elles.

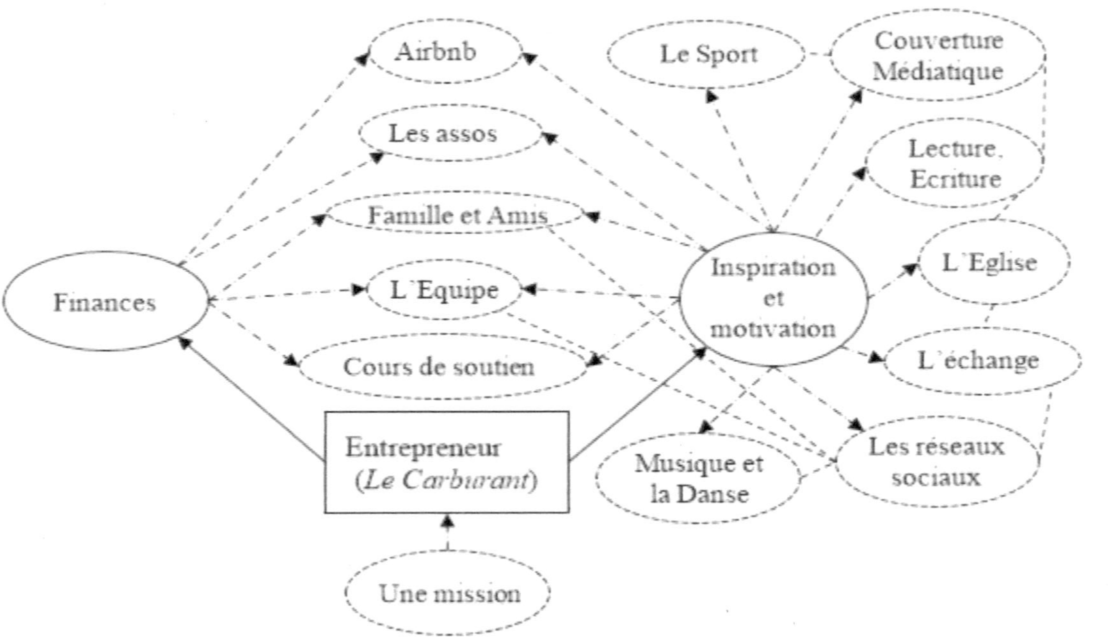

Les différentes sources d'énergies que nous avons utilisées et les relations qui existent entre elles

1. Une équipe convaincue par une vision

L'équipe World like Home en session de brainstorming

En conférence téléphonique avec mon équipe un mercredi soir, Xing me signale qu'il faut qu'on discute à deux après. Après la réunion, je rappelle Xing pour en savoir plus. Il m'explique que depuis deux ans, il continue d'envoyer 40 euros par mois à notre CTO[10]. En effet, deux ans avant, nous avons décidé ensemble que chaque mois, Xing devrait envoyer 40 euros, vu que c'est notre CTO qui

---

[10] Chief Technical Officer

paye la majorité des factures liées à la plateforme. Ce qui est drôle c'est que, environ 9 mois après, nous avons réduit les dépenses de la plateforme à moins de 40 euros par mois. Notre CTO lui-même paye au total beaucoup moins. Mais Xing était absent à cette réunion de brainstorming qui nous a permis de réduire les dépenses de manières drastiques. De mon côté, j'avais complétement oublié de lui demander d'arrêter les virements. Qui peut faire une telle chose pendant 24 mois s'il n'est pas convaincu par la vision ?

Au début je me rappelle bien que notre CTO a mis toutes ses économies dans l'affaire, malgré ses dettes d'étudiant qu'il avait à gauche et à droite. Quand il fallait chercher environ 4000 euros nécessaires pour la participation au Web Summit ou encore les 6000 euros que nous avons gaspillé sur le paiement en ligne, j'ai su compter sur une équipe.

Je comprends maintenant pourquoi les bailleurs de fonds investissent dans des équipes qui sont passionnées par ce qu'ils font. Mieux encore, je comprends pourquoi on dit : « Pour aller vite, aller seul, pour aller loin, allons en équipe ».

2. L'écriture comme une forme de thérapie

Un jour, je lisais l'un des épîtres pauliniennes. Je me suis retrouvé en train de me demander si cette œuvre avait bien été écrite il y a plus de deux mille ans. C'est de là qu'est né mon désir personnel d'écriture. — Rassurez-vous, j'écris seulement pour moi-même :)

Mais blague à part, avec le temps, j'ai découvert la beauté d'écrire déjà pour soi-même. J'ai toujours sur mon bureau, un petit notebook où je note des idées et pensées qui me viennent à l'esprit. Tout cela m'aide beaucoup. D'ailleurs, c'est de cette culture d'écrire que le projet de l'œuvre que tu tiens entre tes mains est né. D'accord, tu as la version numérique ?

En écrivant ce livre, je me sens libre, et cela fait vraiment du bien. Mais ma culture d'écrire, m'aide beaucoup à dépasser les difficultés de tous les jours. J'espère que cela t'aide aussi. L'écriture pour moi est un moyen de dialoguer avec son être intérieur en paix et en tranquillité.

3. La lecture réduit ses propres bêtises et élargit sa connaissance

C'est Giacomo Casanova plus connu sous le nom d'aventurier qui disait « l'homme qui veut s'instruire doit lire d'abord et puis voyager pour rectifier ce qu'il a appris. »

Parfois tu te demandes si c'était aussi difficile pour les autres qui sont passés avant toi ? Dès que tu lis quelques articles sur le début de BlablaCar, tu comprends vite que c'est la routine en fait. Cela te redonne une force inexplicable. La chance c'est qu'il y a un Peter Thiel qui te donne quelques conseils sur comment partir de Zéro à Un. Un Peter H. Diamandis qui t'explique comment changer le monde, et un Chip Heath qui t'explique comment capter l'attention des gens. Un Richard Millington t'explique qu'il faut savoir que tout cela demande beaucoup de temps à être mis en place. Là tu es plus ou moins rassuré déjà.

Bref, — la lecture m'a rassuré sur le fait que l'entrepreneuriat est difficile, mais que seuls les passionnés peuvent percer. Je pense par exemple à Steve Jobs ou encore Ray Kroc. Dans sa biographie, Jobs disait : « des personnes passionnées peuvent changer le monde pour le mieux. Il faut chercher ce que tu aimes ». La lecture aussi m'évite de commettre les mêmes erreurs que ceux qui ont pris le même chemin ou un chemin similaire avant nous. C'est un peu comme les navigateurs de voitures d'aujourd'hui. Ils t'avertissent là où il y a un danger. Après tu fais ce que tu veux.

Jacques Nkoa vient t'expliquer que pour dépasser ou surmonter les difficultés, c'est-à-dire la victoire sur soi, il ne suffit pas d'aller forcément sur la planète rouge pour chercher l'inspiration ou la motivation. Il suffit simplement de regarder les gens ordinaires à côté de chez nous qui font des choses extraordinaires. C'est vrai que nous sommes tous à l'ombre des Héros. Il ne suffit pas non plus d'être un génie comme mon ami Einstein pour reconnaître cette vérité, c'est simplement l'extension du possible.

4. Les cours de soutien, un vrai soutien

Sans source de revenu, sans possibilité de faire des petits boulots en toute légalité, je suis donc obligé de me tourner vers d'autres moyens qui peuvent me permettre d'avoir des petites entrées. Pour cela les cours de soutien scolaire ont été un vrai soutien pendant les moments difficiles.

Les cours que je donnais en mathématiques, mécanique, science physiques, résistance des matériaux et l'anglais me permettaient d'avoir des petites entrées financières de temps en temps. Mais le vrai plaisir vient quand tu vois l'un de tes élèves passer de 07.0 à 15.0 de moyenne après seulement 3 séances de travail avec toi. Ou encore un autre qui passe de 2.5 à 9.0 de moyenne après 2 mois de travail. Cela te donne plus d'énergie sur tous les fronts.

5. Airbnb: une étonnante découverte

J'avais réussi finalement à avoir un logement, mais les cours de soutien n'étaient pas assez pour me permettre de payer mon loyer à la fin du mois. Je dois également admettre que demander à chaque fois à des amis un soutien financier n'aboutit pas toujours. Il devenait alors urgent pour moi de chercher une solution qui pouvait me permettre de garder mon logement. Sans quoi je devrais une fois encore aller rendre visite au statut de sans domicile fixe.

J'ai connu Airbnb lors de mes recherches dans le cadre du projet World like Home. Je suis arrivé à la conclusion qu'il me faut partager mon logement sur Airbnb. Cela devrait m'aider au moins à payer mon loyer, et à avoir un endroit où poser ma tête tranquillement. La vraie question maintenant était celle de savoir comment convaincre mon bailleur de m'autoriser à faire du Airbnb ?

Pour couper court, j'ai réussi à mettre mon annonce sur Airbnb. J'ai commencé à avoir mes premiers voyageurs. Ma motivation de m'inscrire sur Airbnb était principalement financière. Toutefois, à ma plus grande surprise, j'ai découvert autre chose : chaque personne que j'ai accueillie chez moi était différente, avec une histoire, qui m'apportait une expérience différente. Grâce à ces centaines de personnes que j'ai pu accueillir venant des quatre coins du monde, j'ai pu littéralement voyager à travers le monde, tout en restant chez moi, c'est chouette !

J'ai parcouru le monde grâce à Airbnb

Carte montrant les noms et villes d'origine des différentes personnes que j'ai hébergées grâce à Airbnb

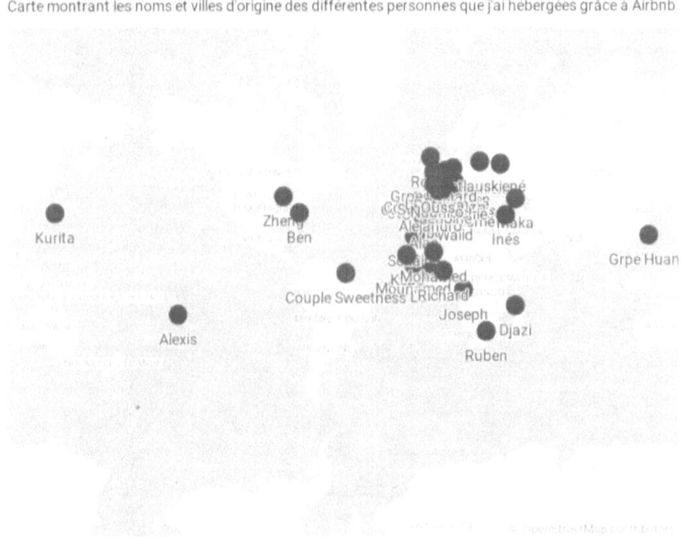

Ruben
Walid
Inés
Alaa
Sokaina
Mohamed
Kebe
Mouhamed
Lenvo
Richard
Joseph
Djazi
Ruben

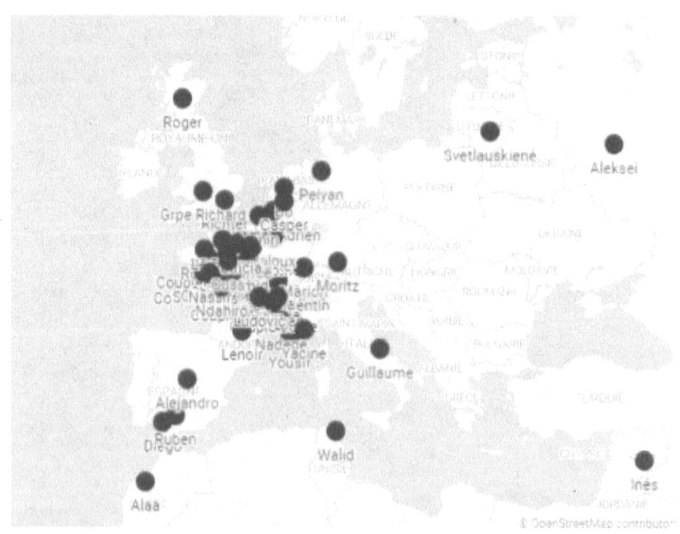
Roger
Svetlauskiené
Aleksei
Peiyan
Grpe Richard
Casper
Moritz
Coubi
Nassim
Ndahiro
Lenoir
Nadene
Yacine
Yousir
Guillaume
Alejandro
Ruben
Diego
Walid
Alaa
Inés
© OpenStreetMap contributors

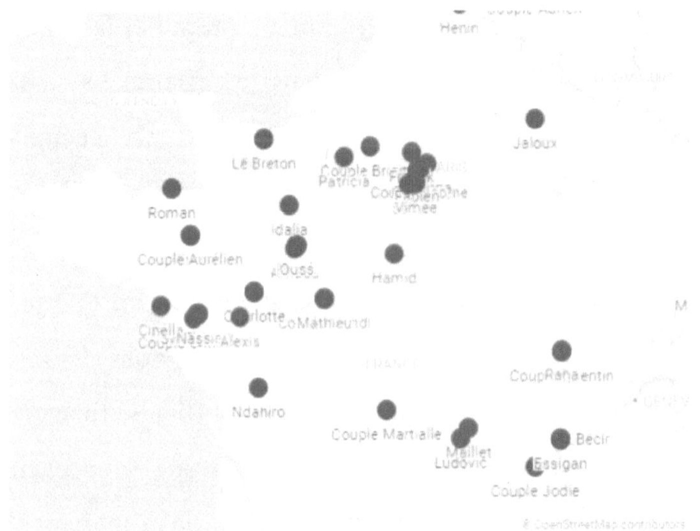

Thomas et John deux anglais que j'ai accueilli étaient très content de me raconter leurs aventures : faire le tour de l'Europe à moto, tout comme Christophe, un jeune Allemand qui a pris une année sabbatique pour faire le tour d'Europe. Pour Bo qui venait du Pays Bas, c'est mon sourire au moment de l'accueil qui a rendu son séjour chez moi agréable. Un sourire qu'elle n'hésitera pas à dire haut et fort en commentaire « Andrew m'a accueilli avec un grand sourire ». — Pour Inès, c'est la flexibilité et l'accueil sympathique qu'elle a beaucoup apprécié « Andrew est très sympathique et facile à contacter, avec une grande flexibilité ». Pour Ben, qui venait de San Francisco, c'est l'esprit entrepreneuriat chez moi qu'il a beaucoup apprécié « excellent endroit. C'est essentiellement l'appartement d'un mec. Le prix est juste, le lit est propre et la zone est sûre. Parfait ! bonne chance dans tes affaires ! ». « Très attentionné et accueillant » disaient Stéphane, Yacine ou encore Patricia. Pour Swaminath, c'est la « gentillesse et l'amitié » qui a capté son attention.

Martial adore cuisiner, et chaque soir avant que je ne rentre, il a préparé un plat délicieux pour nous deux. On dirait qu'il savait que j'étais en grande difficulté financière. Maimouna une jeune femme sénégalaise que j'ai accueillie s'est montrée particulièrement généreuse en m'invitant plus d'une fois au McDo. En faisant ceci, elle m'a permis d'économiser les 10 euros que j'avais pour un autre jour. De passage au Mans, elle n'a pas hésité à passer me dire bonjour. A ma plus grande surprise en plus !

Avec Zeng, un chinois exilé aux Etats-Unis, je pensais au début qu'on n'allait pas échanger beaucoup parce que ma première impression c'était qu'il est timide. Mais j'ai réussi à le percer, j'ai découvert à la fin quelqu'un de passionné. On finit par débattre de la politique de Mr Trump et sa guerre commerciale avec la Chine. Le couple à la retraite qui venait du Haut de France. L'homme était militaire en Algérie pendant la guerre. Il me parle de son expérience avec beaucoup de délicatesse. Un échange qui me permet de mieux comprendre l'histoire.

Avec Joseph, un congolais installé en France, je finis par débattre de la politique africaine. Avec Ilyes, on était des frères, on faisait les courses ensemble et cuisinait ensemble. La simplicité de Hamid ou encore Soukaina une fille très ouverte d'esprit, ne m'ont pas laissé indifférent. Sophie était sourde, mais je ne savais pas. J'ai été surpris quand je lui parlais et qu'elle ne répondait pas. À la fin, ce fut une grande expérience pour elle qui m'a servi de leçon !

Tous ces différentes personnes que j'ai accueillies venant des quatre coins du monde m'ont beaucoup aidé à leur petite

RESTER SUR LE CHEMIN

manière à dépasser la difficulté à laquelle je devais faire face chaque jour. Merci à vous, merci à Airbnb d'avoir facilité cela.

Ces expériences n'ont pas toujours été « roses », mais j'étais satisfait de la réactivité et la décision de Airbnb qui m'a notamment —— accompagné quand un couple a endommagé des choses chez moi.

6. Les amis, un appui nécessaire

Mercredi 04 septembre 2019. En regardant le journal du 20h sur TF1 et le talentueux — « C'est Canteloup », on présente une jeune fille, ingénieure agronome qui a pris le risque de quitter son contrat à durée indéterminée et revenir vivre chez ses parents en lançant son entreprise. Une entreprise qui lutte contre le gaspillage alimentaire. Je n'ai pas pu m'empêcher de dire : « heureusement pour elle, elle a une famille sur qui s'appuyer ». Nous qui n'avons pas de famille en France, comment faire lorsque nous voulons aussi prendre le risque pour créer de la richesse en France ?

Très vite j'ai pensé à Guy qui m'avait proposé dès le début — de venir vivre avec lui dans son 27m2 afin d'économiser de l'argent. Nerice & Ludovic, Terence, Christian, Raoul, Abou & Loïc, Obi, Boris, Jimmy & Maxime, Hans et Hermann qui m'ont accueilli chez eux sans demander que je paye le moindre centime. Je me suis rendu compte que, oui moi aussi, j'avais une famille en France. Pour vous permettre de visualiser le laps de temps décrit, cette période date du samedi 28 mars 2015 jusqu'au samedi 27 janvier 2018.

Un jour, en échange dans un groupe WhatsApp, j'ai signalé juste en réponse à une question que je n'ai pas d'argent pour faire un déplacement. Le soir même, je reçois un PayPal de Serge. Leonel sort ses trente euros restants pour me les donner, alors que lui-même cherche un travail.

Ma banque m'envoie balader un peu à la banque de France. Mon ami Sangue en grande difficulté financière lui-même, se sacrifie pour me donner 500 euros pour m'aider à payer mon découvert. Nass et Xing, déjà en difficultés, n'ont pas hésité à m'envoyer de l'argent pour m'aider à sortir de cet encombre. Je demande 500 euros à Kai, il me demande si 500 euros vont suffire, puisqu'il peut me donner 1000 euros. Ludo sacrifie les sous qu'il devait investir dans ses projets pour me soutenir. Loïc et Boris investissent financièrement à un moment où tout le monde pensait que nous étions fous. Kelly qui n'a même pas de travail, avec deux enfants à charge, se propose de payer ma facture mobile de 22 euros. Par ce geste simple, mais fort, elle me débloque une situation très délicate. Joseph Dobo le Droit, — mon frère, fait une mobilisation pour me soutenir financièrement.

Un ami me fait remarquer que je fais des calculs sur le salaire de Sandra comme si j'étais son mari. Rémi et Mikhail font le déplacement pour me voir et me donner de l'argent pour soutenir le travail que l'on fait. Je disais à beaucoup de personnes comme Joël Kegne, Nana Thierry, Yann & Sonia, Makabla et cætera... que je vais pouvoir rembourser dans un mois. Makabla prend le risque de me donner son loyer, et mon stagiaire Charles qui finit par me dépanner avec 30 euros ! — Waouh. Quand ma mère est malade ou en cas de besoin urgent à la maison, c'est Angu, Djouansi, Gwagsi, Che, Enow ou Tamo qui me débloque la situation assez rapidement. Parfois au détriment de leur propre besoin immédiat.

Guy, Boris, Remi, Thiery, Nkemjika, Kelly, Nass, Marc Alex, Sangue, Jimmy, Maxime, Endel, Murielle, Nelly, Manuella, Kenzo, Leonel, Lodjeu, Yann & Sonia, Yannick, Joel, Hans, Elie, Charles, Makabla, Ludo, Sandra, Xing, Raïssa, Kai, Sally, Adrien, Evelyn, Habib, Orel, Anadack, Taylor, Bitang, Djouaka, Frankwell, Willie, les Jumeaux, Joseph et cætera. Merci à vous pour l'énergie. Si tout le monde donnait de l'énergie positive comme vous à celui qui est à côté de lui, le monde serait radicalement meilleur. Continuons ainsi !

7. La Famille, une raison d'exister

Chaque centime que les gens me donnaient était noté sur un fichier Excel. Je sais bien que je n'ai pas pu tout noter, pour des raisons parfois techniques, parfois des simples oublis. J'ai décidé de jouer avec les données que j'ai, afin de voir entre le début de World like Home jusqu'à sa liquidation en 2017, quelles sont les sources de revenues que j'avais. Ceci nous donne le graphique ci-dessous. Le verdict est unanime, pendant ces 3 ans, financièrement, je dépendais principalement de mon grand frère, Tongui à hauteur de 61%, des amis et sympathisants à hauteur de 29%.

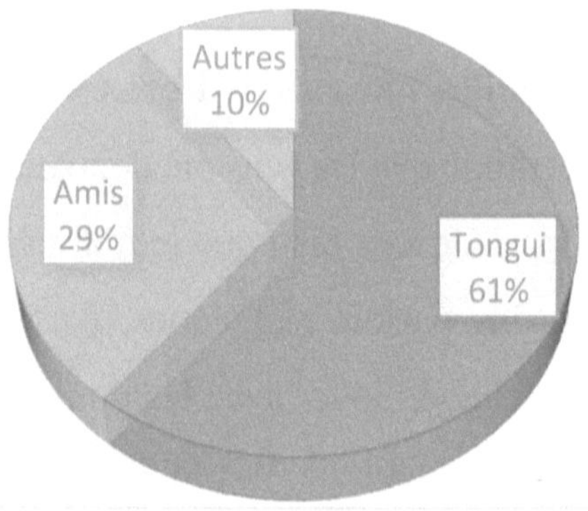

Ces données valident — encore l'idée que quand tu commences en tant que jeune entrepreneur, ton premier soutien c'est ton entourage. Ceci explique pourquoi c'est plus difficile au démarrage quand tu n'as pas un réseau de qualité. Encore faut-il que tu saches mettre à profit ton réseau.

Comme nous pouvons voir ci-dessus, sans le soutien de mon grand frère Tongui, je me demande si j'aurais pu me lancer. Il m'a soutenu financièrement au détriment de ses propres projets. Moralement, en me posant souvent la question « qu'est-ce qui peut ne pas marcher? » ? ». Je te remercie pour le soutien, même si nous avons eu des désaccords, à aucun moment j'ai douté que tu te souciais de mon intérêt et celui de la famille. Néanmoins, nous sommes d'accord qu'il ne peut pas y avoir deux conducteurs en même temps dans une voiture.

Quand j'explique à ma petite sœur Christy que les gens me dérangent pour que je leur envoie de l'argent, alors que je n'ai rien, elle prend l'initiative elle-même de leur envoyer de l'argent à mon nom. Quand notre mère est malade, c'est elle qui mobilise l'argent pour elle, sachant bien que je suis en très grande difficulté. Ceci me soulage grandement. Je comprends mieux pourquoi mama disait qu'elle voulait une fille à tout prix. Tu es spéciale !

Fonya, le benjamin de la famille, et Prosper restent les seuls qui m'appellent juste pour prendre des nouvelles sans forcément demander de l'argent. Parfois Fonya m'appelle pour me dire comment ils ont passé les 2 dernières semaines en fuyant ; comment le village, Owe, a été vidé à la suite du passage des militaires. Ces nouvelles que je recevais aussi de plusieurs autres connaissances comme Tita, Paul, Akume, et cetera... me permettaient de garder espoir ne serait-ce que pour eux. Savoir que mon frère Prosper prend soin de notre mère qui est malade, me permettait de rester tranquille et en paix. Sans oublier que c'est le même Prosper qui était très enthousiaste quand je lui annonçais que j'ai décidé de me lancer dans l'entrepreneuriat.

RESTER SUR LE CHEMIN

SP (Ursla) qui m'explique qu'elle admire mon courage et mon enthousiasme ou encore Chap, qui me dit que le fait que je sois né en période festive (Noël) signifie pour elle que je dois apporter de la joie aux gens, alors « use your head » (utiliser ta tête) me disait-elle. Champion aussi m'assure que ça va aller, il faut juste avoir confiance en Dieu. La confiance aussi de mon frère John en moi, ou encore la rapidité avec laquelle Kings m'aide à accomplir quelques petits trucs m'aide énormément à garder la tête haute.

Pour dépasser les périodes difficiles, il suffit parfois de petites astuces, comme connaître comment cuisiner. Mais savoir cuisiner de temps à autre ne suffit pas. Il faut savoir bricoler en cuisine avec les moyens du bord, les moyens à notre disposition. Il est vrai qu'en plus de ma mère, j'ai appris à cuisiner chez plusieurs autres personnes comme mon ami Tsague ou encore Tamo. C'est mon grand frère Vincent qui m'avait challengé quand j'étais petit à apprendre à cuisiner avec les moyens de bord. En fait, nos parents étaient en déplacement au village, je ne sais plus quel âge j'avais, peut-être 12 ans. C'est Vincent qui arrive et me dit « il y a du riz, l'igname, l'huile à la maison, il faut les mettre au feu ». Une petite idée qui va m'aider énormément pendant ces périodes difficiles. Quand je squatte chez un ami, je me débrouille toujours avec les moyens de bord pour cuisinier. Rassurez-vous déjà, je ne suis pas un chef cuisinier.

Ma cousine Christy — qui m'appelle également pour prendre les nouvelles ou encore Ndo Friday qui me demande aussi de penser au mariage. Cela me fait sourire un peu.

Pendant certains moments très difficiles, je pense à mon père qui a tout fait pour envoyer tous ses enfants à l'école. J'ai appris à travailler dur chez lui dans notre plantation de cacao. Quand j'étais petit, je débattais avec lui et mes frères jusqu'à ce que mon père finisse par me demander « c'est comme cela que tu débats avec tes profs en classe ? »

Quand j'avais réussi mon « GCE Ordinary Levels »[11] avec brio, je me rappelle bien ce que ma mère et Ndo Friday disaient « c'est la réussite d'un enfant comme ça qui nous donne l'énergie de continuer à travailler avec les mains ». A plusieurs reprises pendant les jours difficiles, j'ai toujours pensé à ma mère. Un jour nous étions en train de discuter de quelque chose, je demande alors à ma petite sœur « ta mère

---

[11] Le General Certificate of Education Ordinary levels (GCE, que l'on peut traduire par « Certificat général de fin d'études secondaires ») est le nom du diplôme obtenu généralement vers 16 ans, en seconde.

ne t'a pas appris ce petit truc ? ». Ma mère rétorque « et son frère ne le lui a pas appris ? » Je suis mort de rire. Une femme qui nous a appris l'endurance, la persévérance et l'amour du prochain. Elle a tout sacrifié pour ses enfants. Sa capacité à gérer les conflits de manière pacifique m'a toujours fasciné. Elle discute avec tout le monde, même celui qui pense être son ennemi. C'est elle qui me rassure que « ça va aller », même quand elle est malade. Le petit 50 euros que tu réussi à lui envoyer elle est toujours reconnaissante. On nous a toujours dit « lead by example » (diriger par l'exemple), tu as toujours su faire cela pour nous malgré tes propres faiblesses. Tu es l'exemple !

Mami Monica, Mami Pauline (Big O), Mami Vero, Mami Ngu, Mami Nduma & Sister Christy.

8. Les amis, une source de motivation

Parfois une seule phrase ou un seul mot suffit pour te donner la motivation nécessaire pour le reste de la journée. Quand tu vois dans un groupe WhatsApp une petite phrase de Kaptoum : « le problème avec des jeunes entrepreneurs aujourd'hui c'est que la plupart lâchent très vite ». En couplant cette phrase à un commentaire de Leslie, Murielle, Barsu, Sala, Pierre, Nankap, Dollyne, Sangue, Brice, Pauline, Nerice, Ludo, Habib, Lucy, Joseph, Helene, Pierre

& Line[12], et cætera… qui te disent que 'le projet ne peut que marcher' ceci te donne plus de raisons et la motivation de continuer. Les effets d'un commentaire de Noubi qui te dit qu'elle apprécie « l'approche radicale » te donne la force. Même si tu as envie de lui montrer à cet instant même les frottements que la voiture doit affronter chaque jour. Florent qui te dit que « le positionnement de World like Home est unique et stratégique ».

Même si certaines personnes pensent à raison ou à tort que j'ai trop confiance en moi, les effets d'une petite phrase de Taylor « tu as toujours de bons mots », ou de Christian « celui qui dit des pensées sages et la façon d'obtenir la sagesse » — sur la confiance en soi ne peuvent pas être négligés.

Jacques qui est tellement ému le jour du lancement de World like Home au point où il nous invite à venir manger chez lui. Ou encore Idriss qui décide de m'inviter au restaurant en disant « c'est moi qui paye manager, je connais le travail que tu fais depuis ». Idriss va aller jusqu'à prendre ma défense face à quelqu'un qui a voulu salir ma réputation gratuitement. Abdelaziz, mon grand frère et journaliste des solutions qui m'invite à Paris pour la

---

[12] Dans le cadre d'un Hold-Up MakeSense

présentation du projet —— World like Home. Je suis reconnaissant.

Dans le cadre de la recherche de fonds, l'idée m'est venue de renforcer mon profil LinkedIn —— avec les témoignages des amis et des gens avec lesquels j'ai eu à travailler. A ma plus grande surprise, les témoignages ont été une vraie source de motivation pour moi.

Loïc Fotchin : — Efuet Andrew est une personne dynamique et généreuse dans l'effort. Il a un gros esprit entrepreneurial ce qui lui a permis d'être aujourd'hui à la tête de l'ambitieux projet 'World like Home' qui sera une véritable révolution au niveau des échanges internationaux.

Nkemjika Anselm : Un grand esprit et un esprit positif ! J'ai eu le privilège d'étudier et de travailler avec lui sur différents projets. Sa nature axée sur les objectifs et son zèle à toujours vouloir se dépasser sont quelques-unes des choses que j'apprécie lorsque je travaille avec lui.

Tchuenkouo Tatiana : — Je suis constamment dans l'admiration de la créativité, des hautes compétences techniques et managériales d'Andrew. Il a réussi à faire trois choses au cours de la même année : son double diplôme d'ingénieur Polytech-Ismans, à la tête de son projet 'World like Home' et l'association AECM (Association des

Étudiants Camerounais du Mans). De plus, il reste toujours disponible pour ses amis. C'est quelqu'un de bien.

Theodore Muluh : Efuet Andrew est un leader très inspiré avec de très bonnes compétences d'entraîneur. Il recherche des résultats. Il est un atout considérable en matière de développement des affaires. Efuet a un état d'esprit positif et ouvert à travailler juste avec n'importe qui. Ce fut un plaisir de travailler avec lui, même à partir de notre programme de premier cycle.

Enow Derrick : En tant que coordonnateur de projet d'ASPY[13], — j'ai connu Efuet Andrew comme un jeune homme qui combine un mélange unique de compétences exceptionnelles d'organisation d'analyse, de communication et de relations interpersonnelles et qui possède une excellente disposition entrepreneuriale, en particulier sa capacité à produire des résultats dans un environnement rapide, ambigu et extrêmement difficile. Il est rigoureux, pragmatique et — axé sur la solution terrain, pas trop académique et possède des initiatives & une intégrité inégalée. Il est ambitieux, indépendant, une attention systématique aux détails, un penseur structuré, déterminé, flexible et capable de bien faire face aux revers. Il a la

---

[13] Association of Anglophone Students of Polytechnic Yaoundé

capacité de travailler stratégiquement et en coopération dans un environnement d'équipe avec tous les niveaux de personnel professionnel, technique et administratif. Il s'est avéré avoir un bon jugement, la maturité et le sens de l'urgence avec la capacité d'être décisif et réfléchi.

Rémi-Paul Godier : Efuet Andrew a réussi l'exploit de suivre sa formation de double diplôme — d'ingénieur ISMANS/Polytechnique et de créer le projet World like Home en même temps. J'ai eu la chance de suivre à ses côtés les prémisses du projet. Nul doute qu'Efuet Andrew a la détermination et les atouts nécessaires pour mener à bien ses projets. Très sincèrement.

Sandra Mbatcha : Andrew est un travailleur et un battant. Avec lui on obtient toujours de bons résultats, et il met toujours à disposition de — ses collaborateurs tout le nécessaire pour atteindre des objectifs communs.

Esukane Leo : Efuet Andrew est très axé sur les tâches, apprécie la vue d'ensemble de chaque projet — et prête attention aux détails. Ayant travaillé avec lui sur plusieurs projets scolaires, je dirais qu'il est chef d'équipe fougueux.

Nidhi Agarwal-Bhardwaj : J'ai eu le plaisir de travailler avec Efuet Andrew sur deux projets pour World like Home. Il est très clair dans ses exigences et toujours présent pour répondre à vos questions. Tout employé aurait la chance d'avoir Efuet Andrew comme client.

Christian Atonfack JIOGO : Efuet Andrew est une personne pleine de très belles idées. Il est sociable, honnête, sérieux, travailleur, et surtout déterminé dans tout ce qu'il fait.

Leroux Mickaël: Andrew est un solide pilier de sa formidable équipe qu'il a constituée pour bâtir WlH. J'apprécie son travail, ses qualités de dirigeant et l'homme. @ bientôt.

9. Les associations, aux services des autres

J'avais mieux compris le besoin des étudiants étrangers en France quand j'étais le vice-président de l'AECM[14]. L'association faisait des actions déjà dans ce sens essentiellement basé sur la solidarité mécanique. En plus, ses actions restaient très limitées à la fois sur le plan géographique, mais aussi par les moyens financiers à disposition. Probablement World like Home n'aurait pas vu le jour sans les premiers soutiens que j'ai reçus de l'AECM.

Pendant les moments difficiles, mon bénévolat au sein de l'Hôtel Social du Restaurant du Cœur, et l'écoute que

---

[14] Association des Etudiants Camerounais du Mans.

j'apporte aux résidents en difficulté me permettaient de laisser mes propres soucis au moins pour quelques temps, et d'être à la disposition des autres, ainsi partager leurs souffrances. Parfois pour aller à l'Hôtel Social, je n'avais pas les 3.0 euros pour payer le tramway. Imagine-le stress quand je tchouke[15] ma carte bleue, et on m'explique « paiement refusé ». — Seigneur ! Vous comprenez vite pourquoi je suis très soulagé quand je reçois l'abonnement Setram pour un an grâce à l'association La Cimade.

Un jour à l'Hôtel Social, je demande à une résidente : comment vas-tu ? Elle me répond : ça ne va pas. Je lui réponds : mais si ça ne va pas, tu pousses. Elle me répond : j'ai déjà poussé, je suis arrivé à une colline. Je lui dis d'accord, il faut bien régler la vitesse de la voiture, elle va monter. À ce moment-là, je me suis rendu compte que moi-même je devrais bien régler la vitesse.

Ma participation aux débats de la JOC[16] sur la réussite et sur la liberté d'expression, m'ont permis de bien me fixer les idées, mais aussi de partager la difficulté des jeunes issus des milieux défavorisés.

---

[15] Insérer sa carte bancaire dans la fente du lecteur de carte bancaire.
[16] Jeune Ouvrier Chrétiens

10. L'Église, un lieu de ressourcement

Vers 13h24 ce mercredi, je sors de chez moi pour imprimer les exercices de travaux dirigés avant d'aller donner mes cours de soutien scolaire. Je croise un ami qui me dit qu'il va à l'Église Notre Dame de la Couture pour se ressourcer. Ceci m'a directement rappelé l'histoire de François que j'avais accueilli chez moi. Cette belle soirée, je rentre à la maison. François est en train de cuisiner un magnifique repas pour nous. Il me demande d'où je viens, je lui dis, d'une répétition avec la chorale sainte Bakhita. Il me confia alors que lui-même, il était enfant de cœur quand il était petit. Et que la messe, « c'est le seul lieu où il est en paix intérieure avec lui-même ».

Dans son livre « A l'Ombre des Héros, la Victoire sur Soi » Jacques Nkoa-Betène nous raconte l'histoire de Raymond, un jeune homme de quatre-vingt-huit ans.

« Raymond a passé toute sa jeunesse sous le poids d'une conviction forgée et transmise par ses parents très pauvres : « on ne peut sortir du rang hérité des siens ». Attaché par un adage mal placé, il se replia de plus en plus sur lui-même jusqu'à l'âge tardif de la retraite.

Raymond décida ce matin d'octobre de changer un peu ses habitudes. Il entreprit d'aller marcher tous les jours. Au troisième jour de sa marche, l'homme s'arrêta devant la porte d'une église, après avoir admiré, pour la première fois, la beauté architecturale de l'édifice. Porté par une curiosité qu'il ne se connaissait pas, Raymond poussa la lourde porte en bois et en franchit le pas. La grandeur de l'œuvre parut encore plus manifeste aux yeux de ce retraité agricole non habitué des lieux de cette nature. Après deux pas dans la nef centrale, Raymond éprouva le besoin de s'asseoir, un besoin aussitôt satisfait. Sous les voûtes multiséculaires, le silence fut total, l'esprit encore embué. Les reflets du soleil, livrés depuis l'astre, à travers les vitraux, donnèrent à l'ouvrage la véritable signature des dieux de l'art. Le lendemain de cette belle journée, l'homme, avec un esprit plus léger que d'habitude, pris dans une excitation que sa vie n'avait jamais connue, se leva un peu plus tôt que d'habitude au grand étonnement de son épouse. Il revint dans l'église, reprit la place qu'il avait occupé la veille, contempla à nouveau et longuement la beauté architecturale. Il s'interdit de déambuler dans ce lieu qui l'a accueilli et l'a apaisé sans l'écraser. Il s'y trouva tellement bien que, pour la première fois de sa vie, il fit l'expérience du bonheur. Il se découvrit lui-même. Raymond accéda à une tranquillité avec lui-même pour mieux s'ouvrir aux autres : « Je suis tranquille avec moi-même… Je me connais maintenant… Je m'intéresse aux autres ». Il est entré dans une atmosphère de sérénité.

En contemplant l'œuvre sous ses yeux, il découvrit la grandeur de l'homme, il se découvrit pleinement humain, égal et même ami de l'Homme. Alors qu'il vivait cette extase, les yeux fermés, Raymond découvrit, comme dans un beau rêve, le champ du possible, l'étendue du réalisable y compris par lui et malgré son âge. Il vit les limites qui lui collaient au visage disparaître au lointain horizon. Il se persuada d'une évidence : chaque homme, chaque femme a, dans l'œuvre à accomplir, tous les moyens de transformer ses obstacles en marches. Dans cette église où le retraité prit l'habitude de se retrouver, de se connaître, d'être accueilli et de se libérer, c'est un nouvel homme qui est né sous ses propres yeux. Une vie nouvelle avec ses perspectives et ses défis, un regard nouveau sur tout ce qui, pour lui, était accablant, invariable, intouchable, insupportable.

Raymond n'a rien qui le prédispose à des comportements mystiques, il prend les choses sans chercher de grandes explications. Mais qu'importe, il veut assumer et vivre, vivre sa nouvelle vie. Et pour ce faire, il décida de faire siens les propos de la dame. Il rentra chez-lui, apaisé, souriant et

RESTER SUR LE CHEMIN

plus sûr de lui que jamais. Plutôt que de chercher à convaincre ses proches de l'authenticité des événements qui ont remué et surtout renouvelé sa vie, le retraité, aidé du véritable code de conduite délivré par ce lieu, choisit de s'isoler le temps de bâtir un plan pour la réalisation des projets qui lui tenaient à cœur. La restauration des vieux bâtiments de la petite ferme de ses parents sortit en tête des priorités. Raymond, voudrait créer un centre de vacances et une maison d'accueil pour des personnes âgées à très faibles revenus. Le rendez-vous fut aussitôt fixé à la mairie où sa demande de permis fut très rapidement déposée et étudiée. Après examen, le projet emballa plus d'une autorité et reçut une réponse favorable dans un bref délai.

Avec une coordination sans faille, d'autres partenaires furent recrutés. En dix-huit mois, les vieilles pierres et les vieilles tuiles furent agencées avec goût et talent pour donner naissance à un joyau architectural d'exception qui devait être inauguré le jour du deuxième anniversaire de la rencontre entre la Dame et Raymond. Toute l'année, désormais, le centre accueille plusieurs milliers de pensionnaires. — Il a été dupliqué trente-huit fois par Raymond et son cousin dans plusieurs pays. »

Pour Raymond, comme pour mon ami, l'église est un lieu de ressourcement. Personnellement, depuis que je suis petit, j'ai toujours senti une énergie autre après une messe. Comme Raymond, « je suis tranquille avec moi-même à l'église ». Ceci me donne la force de continuer tous les jours. Les chants qui y sont chantés, me permettent d'être en paix intérieure malgré les difficultés.

Quand je visite une ville, village ou campagne, j'aime toujours aller rendre visite à l'église du village. A chaque fois, je suis impressionné par l'œuvre grandiose réalisée, il y a plusieurs siècles, par des gens non équipés du matériel d'aujourd'hui, ne bénéficiant pas de soins médicaux, de la qualité et du confort des habitats de nos jours, avec un matériau simple et limité. A chaque occasion je me demande « si de simples paysans ont pu réaliser une telle œuvre il y a des centaines d'années, pourquoi je me pleins de telles bêtises ? » Et cela me donne une force inexplicable de continuer.

Je comprends mieux pourquoi l'incendie de Notre Dame de Paris a pu faire couler des larmes sur toute la France et dans le monde. Sans distinction de croyance, Notre Dame qui brûle, c'est la France qui brûle. C'est le cœur même de la France qui est touché. Et en quelque sorte le monde avec, puisque Paris reste la première ville touristique du monde. Croyant ou pas, beaucoup ont versé des larmes.

Dans la vie, j'ai très tôt senti l'importance d'avoir quelque chose qui me permettait de dépasser largement un regard simplement matériel sur la vie. On dirait que le PDG d'Orange, Stéphane Richard vient d'arriver aux mêmes conclusions : « Acquitté ou pas, je sais que de toute façon je ne sortirai pas indemne d'une telle épreuve » estime-t-il chez Les Echos. « C'est comme un accident ou une maladie grave, il y a un avant et un après. C'est un choc profond qui m'a amené à avoir un regard différent sur la vie. Dans ma vie, j'ai été beaucoup dans le matériel, pas assez dans le spirituel, observe-t-il. Et cette épreuve m'a aussi appris tout cela à cinquante-sept ans ». Stéphane Richard a redécouvert la spiritualité en se faisant baptiser.

La figure du Nazaréen me fascine toujours. Ses réponses à certaines questions me permettent de trouver la réponse à beaucoup d'autres questions, d'être en paix et tranquillité. Il te dribble d'une manière dont tu ne t'attendais pas. Il y a eu un moment où plusieurs membres de mon équipe ont décidé de partir, j'ai juste pensé à cette scène : « À partir de ce moment, beaucoup de ses disciples s'en retournèrent et cessèrent de l'accompagner. Il dit aux douze restants : «

voulez-vous partir, vous aussi ? ». De là je sais que celui qui nous est destiné, restera avec nous, sinon il partira ! C'est la liberté fondamentale que chacun de nous jouit : choisir sa propre voie.

Parfois quand quelqu'un me fait quelque chose qui m'énerve, je pense à : — « aime ton prochain, il est comme toi ». Et d'un coup tu me vois tout souriant. Voilà que le conflit est évité !

11. Le problème dit « anglophone »

Le 22 septembre 2017 la population du Southern Cameroons s'élève comme du jamais vu, de l'enfant aux grands parents pour dire stop à la marginalisation. Voyant les images et les vidéos, elles m'ont donné une force inexplicable et la motivation de continuer mes activités au quotidien. Avant je passais 30 à 45 minutes pour répondre aux questions et participer aux débats liés à la crise dite « anglophone ». Mais j'ai décidé de donner plus de temps. Cela m'a redonné le moral afin de me lever tôt tous les matins. A une période où personnellement j'étais en très grandes difficultés. Pour une fois, je me suis dit 'oui, enfin le changement va arriver'.

Certains cherchent à nous distraire en demandant 'c'est qui un anglophone ?'. — D'autres encore plus malins cherchent à réduire le problème dit « anglophone » à un problème de #Français contre #Anglais. D'autres qui n'ont rien compris ou plus exactement refusent carrément de comprendre, nous disent que c'est un problème de #FrancoFous contre #AngloFous. Rien ne pourrait être plus « fou » ! Le problème dit « anglophone » est un problème de liberté d'expression. Chaque peuple a le droit de déterminer librement son avenir. Comme chaque individu d'ailleurs. C'est un problème d'épanouissement. Le déni de cette marginalisation est aujourd'hui le véritable problème des « anglophones ». Cela explique pourquoi une crise qui a commencé de manière pacifique avec les arbres de paix pendant plus d'un an est aujourd'hui un conflit armé. Une cause noble, est aujourd'hui salie avec le sang d'innocents ! Gardons espoir !

12. Le sport, un formidable moyen d'éliminer le stress

Un samedi matin après ma course à pied, un ami me fait la remarque « tu es soudainement plus joyeux Manager ». Le sport m'aide non seulement à éliminer le stress, mais est aussi un moyen de libérer l'excès d'énergie. Quand je cours 30 à 90 minutes, je me sens toujours très bien après même si parfois le froid me gêne. Tu auras compris pourquoi la salle de sport ne fait pas partie de l'équation.

Un ami me demande : « Manager, comment tu fais pour courir seul de manière régulière ? Moi, quand je commence à courir, après 10 ou 15 mins, je laisse tomber ». Je lui explique que pour moi, avant de quitter la maison pour aller courir, je me fixe toujours un objectif, la plupart du temps, un objectif sur la durée : je veux courir aujourd'hui au moins 60 mins en continue non-stop. Une fois que je commence à courir, je me refuse moi-même de céder à l'esprit de l'abandon, d'arrêter, sauf pour des raisons qui sont hors de mon contrôle. Je fixe et concentre mon énergie sur l'objectif. Écouter de la musique en courant s'avère être très utile, la musique nous permet de rester concentré sur l'objectif.

Les matchs de la CAN et la Coupe du Monde m'ont donné de vraies occasions de crier sur les joueurs, de rire avec des amis et surtout d'oublier mes soucis ne serait-ce que pour cet instant. La victoire surprise du Cameroun en 2017 a été un véritable moment de soulagement. La victoire de la France à la coupe du monde et la joie qui a suivi comme du jamais vu sur tout le territoire était aussi un moment qu'on peut qualifier « d'orgasme national ». Ne dit-on pas que la joie est contagieuse ? Quand Kylian Mbappé est flashé à 37km/h, un ami me fait la remarque « Il n'a pas le permis et il s'est fait flasher pour dépassement de vitesse ».

13. Un problème partagé est à moitié résolu

La sagesse africaine nous enseigne qu'un problème partagé est un problème à moitié résolu. Pour comprendre cela, on ne te demande pas d'être le Roi Salomon de notre ère. A chaque fois que tu discutes avec les gens, ça te permet de bien te fixer les idées. A condition que tu sois attentif et réceptif bien sûr.

Prenons mon histoire que j'ai décidé de partager avec vous sous forme écrite comme un exemple par excellence. Si tu apprécies l'agencement des idées, c'est grâce aux échanges que j'ai eu avec plusieurs personnes. Il faut leur dire merci s'il te plait. En revanche, si tu trouves le livre médiocre, je vais essayer de faire mieux la prochaine fois, et mieux écouter les conseils et les critiques constructives. Espérons que cette fois tu l'apprécieras. Ne me demande pas s'il y aura une prochaine fois, je n'en sais rien.

Empruntons cette phrase à Todd Brison : « j'ai remarqué que les gens ont toujours beaucoup de problèmes ou de passions ou les deux. Ce qu'ils n'ont pas, c'est quelqu'un pour les écouter ». Merci à ceux qui m'ont écouté et m'ont fait des critiques constructives. Avançons ensemble.

RESTER SUR LE CHEMIN

14. La place des réseaux sociaux

Réseaux sociaux Crédit @ecs-digital.com

Un beau soir je suis allé faire un tour sur Facebook. Je reçois une demande d'ami d'un ami d'enfance avec qui on a fini par discuter du bon vieux temps. Cela m'a redonné le moral au moins pour la soirée. Une telle mise en relation et échange n'auraient jamais été possible sans les réseaux sociaux. Grâce à Facebook, je peux retrouver des amis de longue date. Cela fait toujours du bien d'échanger avec eux.

Aujourd'hui les groupes WhatsApp et Messenger sont devenus les nouveaux salons pour les réunions de famille, les nouveaux bars pour retrouver les vieux amis et même en rencontrer de nouveaux, de nouveaux kiosques pour prendre des nouvelles, de nouveaux plateaux de télévision mais plus participatif. C'est grâce à des groupes WhatsApp que je discute directement avec tous les membres de ma famille, les amis de mon école primaire, les amis de l'Ecole Polytechnique de Yaoundé, les amis de ISMANS... Bref, grâce à ces réseaux, les distances sont drastiquement réduites. Les échanges dans ces groupes sont souvent très drôles, et cela te permet de sourire un peu ne serait-ce que pour quelques instants.

En balade sur Facebook et YouTube, tu tombes sur des vidéos drôles ————— comme le #IdibalaChallenge, #BidoungKpwattChallenge et cætera… qui te feront oublier tes soucis le temps d'une soirée. Tu découvres sur TF1 un @Sali_crookboyz, le Mickael Jackson incarné et son talent te mettent un peu de sourire sur ton visage. Quand je suis un échange ou débat sur Facebook/Twitter, je ris seul au point où si tu me vois tu peux penser à un fou.

J'ai suivi presque tous les discours de Mr Trump à la présidentielle pensant à un comédien sans toutefois savoir que le vrai comédien c'est mon ami Philippe Poutou qui disait lui-même pendant le débat présidentiel être candidat à la présidentielle mais pas vouloir la gagner. Un autre comédien a dit qu'il sait que sa campagne est en plein essor parce que chaque fois qu'il passe dans les rues, les gens lui demandent des selfies.

Parfois quand je n'ai pas le moral, j'écoute sur YouTube de la musique, un discours d'Obama, Elon Musk, Les Brown ou encore Jack Ma. L'histoire de Jack Ma qui m'a beaucoup inspiré ou encore celle de Les Brown. Je me rappelle qu'un soir je n'avais pas le moral du tout, mais j'ai suivi le lancement fantastique de la fusée Falcon Heavy avec Tesla Roadster + Starman. Je me suis dis, « Yes, colonize Mars, we are going to make it like home ». Merci à vous d'avoir partagé vos histoires et merci à YouTube, Facebook, Twitter et cætera… d'avoir facilité cela. C'est grâce à vous que j'ai pu retrouver le moral plus d'une fois.

Sur Quora, une plateforme de questions-réponses, je suis tombé sur le commentaire d'un utilisateur qui demandait « qui avait dit qu'il n'y a pas des questions bêtes ? cette personne n'a jamais été sur internet ». Un petit commentaire qui m'a fait rire pendant une semaine. A travers Quora, j'ai pu avoir des réponses à certaines questions et apporter des réponses aux questions des autres utilisateurs. Merci à vous.

À travers Facebook, j'ai été contacté par l'une des collaboratrices chez The Family. Par la suite, ils m'ont donné gratuitement l'accès à leurs vidéos payantes, qui ont aussi joué un rôle non-négligeable dans la manière dont je vois l'approche entrepreneuriale.

Je vous ai déjà parlé précédemment (section 3.8) de comment à travers LinkedIn j'ai pu décrocher des recommandations qui m'ont par la suite donné de la motivation. — C'est aussi grâce à LinkedIn que j'ai pu contacter pas mal de gens. Je pense par exemple à Romain Sion de Iron Capital qui m'a contacté via Twitter. Ces facilités d'échanges m'ont aidé à garder la tête haute. Sans les réseaux sociaux, tout ceci ne devait pas être possible.

15. La musique, la danse, source d'inspiration, moyen de libération.

« La musique est une révélation supérieure à toute sagesse et philosophie. La musique est le sol électrique dans lequel l'esprit vit, pense et invente. » déclare Ludwig van Beethoven.

J'ai compris le vrai sens de cette phrase dans des moments où j'étais en très grande difficulté. Pendant ces périodes difficiles, j'écoutais « Elle n'a pas vu » de Charlotte Dipanda, « Heal The World» de Mickaël Jackson, « Marie » de Johnny Hallyday, « Disque d'or » de Tramel, « More Than Gold » de Judikay, « Pookie » de Aya Nakamura, « It's Not Easy» de Lucky Dube, « The Storm is

Over » de R. Kelly, « Pour toi » de The Shin Sekaï, « Get Up, Stand Up» de Bob Marley, « Hello» de Adèle, « I will always love you» de Whitney Houston, « Hiro» de Soprano, « Tourner la page» de Zaho, « Lean On » de Major Lazer & DJ Snake, — «Tourner Dans Le Vide » de Indila, « Gangnam Style» de PSY, « Essentiel » de Lehess, « Happy » de Pharrell Williams, « Tu vas me manquer » de Gims, « Bring it On » de PSquare, « How Great Thou Art » de Don Moen, « Je serai là » de Locko, « Case Départ » de Team BS, « Johnny » de Yemi Alade, « Don't Worry Be Happy » de Bobby McFerrin, « C'est plus l'heure » de Franglish, « Adonai » de Sarkodie, « On The Low » de Burna Boy, « Faut pas me toucher » de Singuila, « Africa » de Manu Dibango, « Demander à Dieu » de Longue Longue, « Distance » de Omarion, « Good Times » de Richard Bona, « Sweet Mother » de Prince Nico Mbarga … Bref, il me faut dédier un autre livre entier à cette section pour tenter d'avoir une liste exhaustive.

La musique m'inspire parfois chez moi à faire quelques mouvements, qu'on peut appeler la danse. Je vous assure, je suis nul en danse :-). Mais ce n'est pas de ça qu'il est question ici. Ces petits mouvements que je fais parfois en rythme avec la musique, d'autre fois complètement à côté de la plaque m'ont permis de me libérer de l'énergie et du stress.

L'association Loba (« exprime-toi » en lingala), co-fondée par Bolewa Sabourin en République démocratique du Congo (RDC) invite les femmes victimes de viol à reprendre pied en dansant. Si réparer le corps est une chose, réparer les âmes en est une autre. La danse est un outil aussi inattendu qu'efficace. « L'idée est de partir de l'expression du corps pour aller à l'expression verbale et leur permettre de travailler sur des émotions qui seraient enfouies et qui auraient du mal à sortir. Des blocages psychiques dus aux horreurs vécues. » Disais Bolewa. Une démarche originale et salvatrice.

« Danser, c'est lutter contre tout ce qui retient, tout ce qui enfonce, tout ce qui pèse et alourdit, c'est découvrir avec son corps l'essence, l'âme de la vie, c'est entrer en contact physique avec la liberté. » Jean -Louis Barrault

Si la musique est une source d'inspiration, la danse est un véritable moyen de se réapproprier son corps et ses émotions, de se libérer. A travers elles, l'être humain peut atteindre le sommet de la liberté, la vraie liberté. Merci à ceux qui ont fondé ces arts que sont la musique et la danse. Vous êtes de vrais génies. Bravo ! Merci également aux artistes qui font tout pour faire perdurer ces arts. Vous êtes la définition même du mot « génie ».

16. La couverture médiatique, une force non négligeable

Je me rappelle bien l'état de stress que mon équipe et moi-même avions à quelques jours du lancement de la toute première version de la plateforme. J'ai eu l'idée d'envoyer un communiqué de presse aux journaux locaux. A ma plus grande surprise, ils ont tous répondu positivement. J'ai été contacté directement par Ouest France et Le Maine Libre pour donner une interview. Le jour du lancement, il y avait 2 journalistes, Ouest France et Le Maine Libre pour couvrir l'évènement. World like Home était à la première page de couverture. Très vite Le Figaro et le Journal des Entreprises ont également suivi.

Certes, vous ne faisiez que votre travail, mais votre travail nous a donné l'énergie nécessaire de continuer et nous a permis d'oublier nos problèmes pour un instant. Continuons ainsi.

Un site qui « démocratise l'accueil » d'étudiants du monde entier

Ils sont trois étudiants à avoir créé la société qui lance la plateforme World like Home. Un site qui doit permettre à des étudiants devant se rendre dans une nouvelle ville ou un nouveau pays.

Web et numérique

JDE Edition Anjou-Maine

World Like Home. Aider à l'accueil des étudiants

ajouté le 4 septembre 2015

« Je suis ingénieur, un ingénieur ça résout des problèmes ! » Un leitmotiv qu'Andrew Efuetnguing a rapidement mis en application, à son arrivée en France en mars 2014. « J'arrivais du

Au Mans, une start-up se lance dans l'accueil des étudiants

Publié le lundi 24 août 2015 à 09:49 par Marion GONDEC...

Le Mans [72]

Rappelons ici que c'est grâce à ces couvertures médiatiques qu'une banque avait décidée de reprendre contact avec moi, après avoir refusé de me donner un rendez-vous la première fois.

17. Une mission noble

J'explique à Nidhi comment c'est très difficile le travail qu'on fait. Parfois, j'ai l'impression qu'il faut tout arrêter. Elle me répond « souviens-toi juste des millions d'étudiants que World like Home va aider ». Ajoute à ceci la réaction enthousiaste que j'ai reçue de la Conférence des Présidents des Universités et de Le Mans Université cela m'a donné l'énergie nécessaire de continuer. Un étudiant me dit « mettre un tel service à la disposition de tous et à un coût acceptable serait très pratique. Il fallait y penser. Belle idée de l'avoir fait ». Tu vois que la voiture ne fait que prendre du carburant.

A chaque fois que nous présentions le concept, la réception était toujours géniale. C'est simplement parce que notre mission : 'se sentir chez soi partout dans le monde' reste noble. Un individu qui demande juste à « être joyeux et heureux », on ne peut pas lui en vouloir quand même. Soyons heureux !

18. Conclusion partielle

Sir Isaac Newton disait dans sa troisième loi : « l'Action est toujours égale à la Réaction ». C'est grâce à toutes ces énergies (Action) que nous avons pu rester sur la route (Réaction). Comme disait Newton : « Si j'ai vu plus loin que d'autres, c'est en me tenant sur les épaules de géants ». C'est grâce à vous que nous avons pu faire le chemin jusqu' ici. Les géants c'est vous. Ubuntu[17] dans toute sa splendeur !

Maintenant allons dans une aire de repos et faisons une petite rétrospection. Voyons ensemble les leçons que nous pouvons tirer de notre expérience.

---

[17] Une personne est une personne à travers d'autres personnes

Chapitre 4 : La Rétrospection

Les leçons tirées

LES LEÇONS DE NOTRE PREMIER ECHEC

Le Récapitulatif

Qu'avons-nous appris depuis l'entame du voyage ? Il faut apprendre à prendre du recul et à observer. Si tu veux perdre un temps formidable concentre-toi sur les concours, et non sur le développement de ton projet. Il faut savoir rire de tes propres bêtises, ça fait du bien. Il est très important d'être accompagné, d'écouter les conseils, mais il faut savoir filtrer ce qui est utile et négliger le reste. Dans une voiture, on ne peut pas avoir deux conducteurs qui conduisent en même temps. Beaucoup ont de bonnes intentions, mais tu es le seul à avoir la vision. Il faut savoir que chaque rencontre que tu fais est une opportunité d'apprentissage. C'est la cohérence et la consistance dans ton projet qui t'obligent à réfléchir sur le long, moyen et court terme.

Plan du chapitre

Les leçons tirées

Au chapitre 2, nous avons parlé du frottement comme une nuisance pour World like Home. Dans ce chapitre, nous allons présenter comment nous avons appris avec le temps et l'expérience, à réduire ces frottements voir complètement éliminer certains. Autrement dit, les frottements peuvent avoir autant d'avantages que d'inconvénients. Les leçons tirées de notre expérience peuvent être assimilées aux avantages du frottement. Comme le dit mon ami « La vie est un voyage avec des problèmes à résoudre, des leçons à apprendre, mais surtout de l'expérience à acquérir ».

Avant toutes choses, revenons en mécanique pure et simple pour mieux comprendre comment les frottements sont maîtrisés. En mécanique, il existe un certain nombre de méthodes pour réduire le frottement, on peut citer :

1. L'utilisation de lubrifiants : les pièces des machines qui se déplacent les unes sur les autres doivent être correctement lubrifiées à l'aide d'huiles et de lubrifiants de viscosité appropriée.

2. L'utilisation du roulement à billes : le frottement de glissement peut être remplacé par un frottement de roulement en utilisant des roulements à billes.

3. La modification de la conception : le frottement peut être réduit en modifiant la conception des objets en mouvement. L'avant des véhicules et des avions est oblong pour minimiser les frottements.

4. L'élimination des surfaces en contact : Le frottement n'existe qu'entre deux corps en contact. Le moyen le plus radical d'éliminer le frottement c'est d'éliminer le contact complètement. Prenons le cas du frottement entre une voiture et la route, cela demande de porter la voiture sur ta tête. Bonne chance !

En suivant mécaniquement le processus, pour maîtriser le frottement, nous pouvons : ajouter du lubrifiant, utiliser les roulements à billes, modifier notre conception initiale ou simplement éviter le contact. Ci-dessous les leçons que nous pouvons tirées de notre expérience. Comme un petit jeu, je vous laisse le soin de faire la correspondance entre chaque leçon et les quatre méthodes citées ci-dessus. Le diagramme ci-dessous résume les différentes leçons que nous avons apprises et les relations qui existent entre elles.

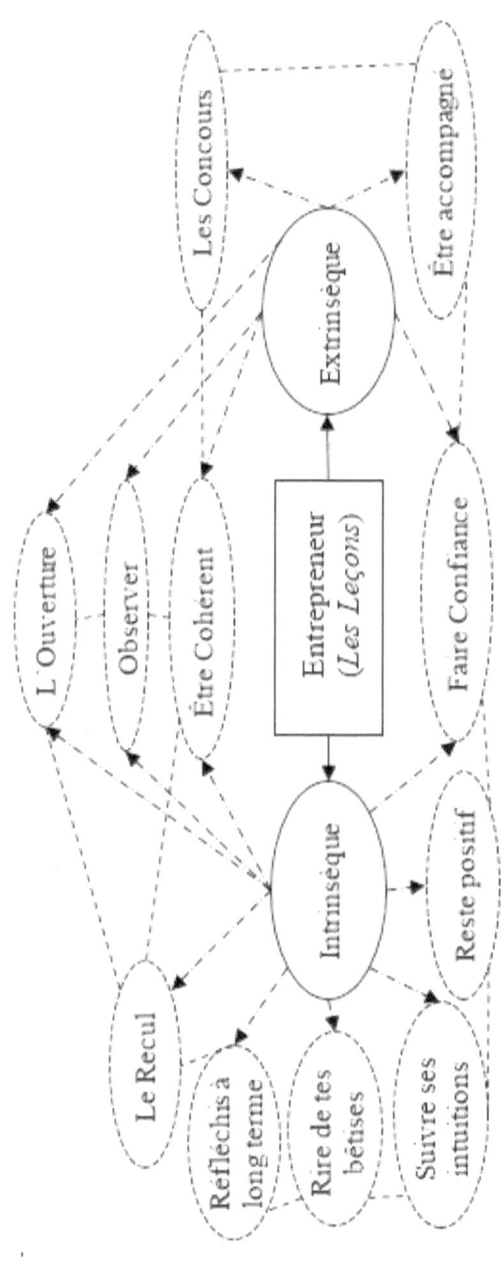

Les Concours
Être accompagne
Extrinsèque
L'Ouverture
Observer
Être Cohérent
Entrepreneur
(Les Leçons)
Faire Confiance
Intrinsèque
Reste positif
Le Recul
Réfléchis à long terme
Rire de tes bêtises
Suivre ses intuitions
Les différentes leçons que nous avons apprises et les relations qui existent entre elles

1. Apprends à prendre du recul

Imaginons un instant des voitures sans possibilité de reculer… Dans une voiture, reculer nous permet de sortir d'une impasse, mais surtout, de se positionner sur la bonne voie. Le recul, — qui est un mouvement en arrière (contrairement à un mouvement en avant), devient un passage obligé si nous voulons arriver à destination. Le fameux « Never Give Up » devient alors une absurdité !

Avec World like Home, nous nous sommes très tôt rendu compte que la recherche d'un million cinq cents milles euros ne va jamais aboutir. Petit à petit nous avons reculé, remettant en cause nos hypothèses de départ, jusqu'à arriver à 50k à un certain moment. L'ultime recul est arrivé quand nous avons décidé de déclarer faillite. Cette dernière étape nous permettait de remettre tout à table, et de positionner la voiture sur le bon chemin.

L'écriture de ce livre me permet de revoir vraiment dans les détails les feux que nous avons brûlés, les erreurs et les leçons. Si tu ne connais pas les erreurs que tu as commises, tu ne peux pas les corriger. Quel autre moyen de les connaître que de les mettre sous forme écrite ?

2. Apprends à observer

L'observation est une méthodologie scientifique. C'est l'action et l'effet d'observer —— examiner attentivement, regarder de façon précise, constater. Il s'agit d'une activité réalisée afin de détecter et d'assimiler toute information.

C'est grâce à l'observation que j'ai pu anticiper le départ de la plupart des anciens membres de mon équipe qui ont décidé volontairement de ne plus faire le chemin avec nous. Une anticipation qui est très importante puisqu'elle te permet de prendre les dispositions nécessaires. L'annonce effective d'une telle nouvelle ne m'apparaît plus comme un choc, mais simplement comme une suite logique. C'est aussi grâce à cette observation que j'ai décidé d'écarter certaines personnes de l'équipe.

L'observation aide aussi dans — l'amélioration de l'expérience client. Elle nous permet d'être dans un processus d'amélioration continue.

L'observation nous a permis de contrôler les dépenses. En observant les dépenses, nous avons posé la question : est-ce que telle ou telle dépense — est vraiment indispensable ? Peut-on faire autrement, moins cher voir gratuit avec les mêmes fonctionnalités ? avec les mêmes résultats ? Concrètement, nous avons réduit les dépenses mensuelles de plus de 400 euros à environ 50 euros, grâce à l'observation. Imaginons les économies possibles dans les grandes boîtes, à l'ordre de millions, si l'observation est correctement appliquée.

3. Suivre ses intuitions, mais faire confiance aux KPI

Dans la vie de tous les jours, chacun de nous est appelé à prendre des décisions difficiles. De quelles considérations tenons——nous compte avant de prendre une décision importante ? Entre l'intuition et les KPIs[18] (les données) qui a le dernier mot ? L'intuition c'est « le sentiment ou la conviction de connaître la réponse sans pouvoir expliquer comment tu la connais ».

La voiture autonome de Google, par exemple, est décrite par ses dirigeants comme un projet de Big Data. Le projet est dirigé par Sebastian Thrun, Google Fellow et professeur à Stanford. Il avait l'intuition que les voitures autonomes étaient possibles bien avant que toutes les données, cartes et infrastructures nécessaires soient disponibles. Motivé en partie par la mort d'un ami dans un accident de la circulation, il a déclaré dans une interview qu'il avait formé

---

[18] Key Performance Indicators

une équipe pour résoudre le problème à Stanford sans savoir ce qu'il faisait.

Chez LinkedIn, l'une des fonctionnalités les plus populaire « les Personnes que vous Pourriez Connaître », a été développé par Jonathan Goldman sur la base d'une intuition selon laquelle les gens seraient intéressés par des nouvelles de leurs anciens camarades de classe —— ou collègues. Comme il l'a dit dans une interview, «je jouais avec des idées sur la façon d'aider les gens à construire leurs réseaux ».

Apple voit le jour grâce à l'intuition de Steve Jobs. En 1973, ayant vu le circuit de l'Apple I entièrement conçu par Steve Wozniak, Jobs convainc Wozniak de vendre un ordinateur sous la forme d'un circuit imprimé préassemblé. McDonalds existe aujourd'hui grâce à l'intuition de Ray Kroc. Il est intrigué par la grosse commande de huit de ses appareils du restaurant principal des frères McDonald en 1954. Kroc leur rend visite et découvre, dans leur fast-food de San Bernardino, en Californie, qu'ils ont inventé un procédé — de fabrication de hamburgers à la chaîne. Impressionné par l'amabilité du service et la rentabilité de leurs huit magasins drive-in, il devient leur agent exclusif chargé de développer leur franchise. Alibaba voit le jour grâce à l'intuition de Jack Ma. Accompagnant une délégation chinoise aux États-Unis comme traducteur en 1995, il découvre Internet puis observe le fonctionnement des startups de la Silicon Valley. En 1995, il crée China Pages, l'un des premiers sites internet chinois. Puis il fonde Alibaba.com. SpaceX, Tesla et PayPal voient le jour grâce à l'intuition de Elon Musk.

World like Home voit le jour grâce à mon intuition, l'idée reste simple : « peu importe l'endroit où on se trouve, on peut se sentir chez soi ». C'est cette intuition qui nous a permis de dépasser certains moments difficiles. Mais nous avons également fait confiance aux KPIs. C'est cette confiance aux KPIs qui nous a obligé à prendre du recul et à revoir notre business model. Ton idée peut bien être géniale, si elle ne peut pas générer du cash d'une manière ou d'une autre, elle n'est pas durable.

On peut conclure que l'intuition et les KPIs ne sont pas en confrontation. Tout comme un couple dans un mariage, ils sont complémentaires. Savoir faire fonctionner le mariage relève de la stratégie. Les expériences passées éclairent nos intuitions, tandis que les données futures les valident ou les contredisent. La question à se poser maintenant est : quelle données (KPIs) prendre en compte pour éclairer telle ou telle intuition ?

4. Les concours, une perte de temps formidable

Présentation de World like Home à un concours en 2016

De nos jours, les concours se sont imposés comme un point de passage obligatoire pour les startups. Sans toutefois nier l'utilité et l'importance de certains d'entre eux, qui ont pu servir comme tremplin pour beaucoup, la majorité de ces concours et compétitions ne t'apportent aucune valeur ajoutée à ton business. A l'heure où gagner une compétition est devenu la seule validation sociale pour un projet, on comprend très vite pourquoi les jeunes entrepreneurs consacrent davantage le temps à postuler aux concours. Un temps qu'ils pussent consacrer ——— davantage au développement de leurs projets.

Les organisateurs même de ces concours sont très malins, au lieu de choisir un gagnant sur des critères objectifs, ils décident plutôt de fuir leurs responsabilités en demandant à chaque porteur de projet de mobiliser son réseau pour avoir les votes nécessaires. On pourrait penser que ces concours élargiraient notre réseau, hélas non ! Nous sommes tombés dans ce piège, mais nous avons appris nos leçons.

La question qu'il faut alors se poser est celle-ci : Comment déterminer si tel ou tel concours a de la valeur ajoutée pour nous ? Pour répondre à cette question, je vous propose 5 questions que j'utilise maintenant pour prendre une décision. 1) Est-ce que World like Home remplit toutes les conditions d'éligibilité ? 2) Quelle est la valeur ajoutée si on gagnait ? 3) Est-ce que nous avons une chance de gagner ? 4) La valeur ajoutée du concours est-elle vraiment en adéquation avec l'effort à fournir ? 5) Sommes-nous prêts ?

LES LEÇONS DE NOTRE PREMIER ECHEC

5. L'avantage d'être accompagné

« Si j'ai vu plus loin c'est en se tenant sur les épaules de géants » disait mon ami Newton. L'importance d'être accompagné dans la vie en général et dans un projet entrepreneurial en particulier on n'en dira jamais assez. Voyons concrètement ci-dessous les avantages que cela nous a apporté.

D'abord le programme « les entrepreneuriales » qui nous a montré concrètement comment faire son étude du marché. C'est là-bas que j'ai entendu parler pour la première fois du « business model Canvas », qui te permet de résumer tout ton business sur un petit papier. C'est formidable. Notre parrain Rodrigue POKAM, — me fait comprendre effectivement que notre cible c'est tous les étudiants, puisqu'un étudiant qui quitte Le Mans pour aller à Strasbourg a également des grandes difficultés. Notre marraine et expert-comptable Christelle BRETON-SIRET nous accompagne dans le montage du prévisionnelle sans rien demander.

Quand j'ai eu l'idée de World like Home, j'ai confié à notre référent Entrepreneurial à ISMANS Benoit MINISINI que j'aimerais mettre de côté mon stage de fin d'études pour le moment, afin de travailler un peu sur mon projet. C'est lui qui me conseille de travailler sur mon projet de création d'entreprise comme mon stage de fin d'études. Mais pour cela, il faut la validation du comité du dispositif « Etudiant Entrepreneur ». Validation qui me permettra de substituer mon projet de création d'entreprise à mon stage.

Pour l'étude du marché, nous avons aussi bénéficié d'un soutien sans faille de la part de Le Mans Université,

Présentation de World like Home à Le Mans Université

notamment les services de relations internationales. Ces premiers soutiens ont été très importants et une vraie source de motivation pour nous. Je pense notamment à la lettre de soutien signé par le Président Rachid El Guerjouma, ou encore à la vidéo faite par Fanny du services RI. Fanny Laude-Molina était la première personne à qui j'ai parlé du concept World like Home. — Elle a été la première à m'expliquer son utilité et sa complémentarité avec les services existant au sein des services des relations internationales. C'est pourquoi elle nous a accompagné d'arrache-pied : elle a partagé nos questionnaires pendant la phase d'études, émit des critiques, des commentaires et des suggestions mais aussi la mise en relation avec des étudiants qui travaillent sur des projets similaires. —— Gilles MAROUSEAU comme référent entrepreneuriat au sein du campus, nous a donné de précieux conseils au cours de nos différents échanges. Maxence Mulocher nous a réservé un accueil particulièrement chaleureux.

Malgré ses limites, — je trouve le statut d'étudiant entrepreneur » vraiment génial, c'est grâce à lui que j'ai pu avoir mon diplôme. Sans mon diplôme, les choses auraient été davantage compliquées. Sans toutefois oublier les invitations que j'ai reçues pour présenter mon projet dans des salons. Des échanges toujours enrichissants.

L'accompagnement et l'écoute de Mickael Leroux, ses conseils nous ont été vraiment précieux. Toujours disponible et très réactif. Quand j'explique à Jean Marc LAFFAY que je pense à créer finalement une association, et non une entreprise, —— il me déconseille fortement. Aujourd'hui, vu mes expériences dans les associations, je vois parfaitement pourquoi c'est lui qui avait raison. Je me réjouis d'avoir écouté son conseil.

En échange avec Ronan BEOUGEOIS de la BPI France, je ressens quelqu'un qui a vraiment aimé le travail que mon équipe est en train de faire. Même si le financement côté BPI n'a pas abouti, ———— j'ai aimé la qualité de l'accompagnement. Notamment quand ils nous disaient « il faut faire ceci ou cela pour pouvoir avoir le financement de la BPI ».

Chez Initiative Sarthe (avec Thomas LEGAY), l'ADIE[19] et Volney Développement, nous étions en face de personnes qui comprenaient que le plus important n'est pas d'avoir la réponse à toutes les questions, mais c'est d'être honnête avec eux sur notre démarche, notre mission et la vision. C'est Fabien POIRIER et Michel FOURCADE de Volney Développement qui nous expliquent l'importance de lever assez de fonds pour fonctionner pendant au moins 18 à 24 mois.

---

[19] Association pour le Droit à l'Initiative Economique

Efuet présente World like Home au campus de l'ISMANS

Avec Lext Avocats, j'ai compris l'importance d'avoir un avocat à ses côtés. Gaëlle Leroy nous faisait des briefings sur l'évolution des lois de l'économie numérique. Marie-Liesse Emo-Brioist nous aide à prendre en compte, dans les statuts, les travaux effectués avant l'immatriculation. Leur enthousiasme dans le travail était une manifestation du désir profond de voir un monde meilleur pour nous tous.

Bref, comme je l'ai bien dit au début, on ne dirait pas assez de l'importance d'être accompagné. —— Marchons ensemble.

LES LEÇONS TIREES

6. Rire de tes propres bêtises

Un ami m'avait posé la question : « est-ce qu'on peut rire de tout ? » Il suffit de regarder la manière donc j'ai décidé d'écrire ce livre pour comprendre immédiatement pourquoi mon ami m'a posé cette question. Enfin, si en lisant le livre tu n'arrives pas à rire ou au moins à sourire, ce n'est pas à cause de mes talents d'humoriste, ah non, c'est simplement parce que tes problèmes dépassent largement mes talents. Maintenant, peut-on rire de tout ? Pierre Desproges disait ceci « on peut rire de tout, mais pas avec tout le monde ».

Pouvoir rire même pendant les pires moments, je le cultive très jeune. Quelqu'un me disait que même quand quelqu'un m'appelle « idiot », je souris seulement. « Je te vois sérieux uniquement quand tu écoutes quelqu'un » dit-il. Personnellement, — je pense que c'est ma capacité à pouvoir rire et sourire face aux difficultés qui m'a permis de les surpasser. Parce que rire te permet d'affirmer que, oui ce n'est pas une fatalité, le meilleur reste toujours à venir. Rire de tout te permet de dépasser un problème qui veux te réduire à néant, tu peux alors relever la tête et recommencer ! Un sourire vaut mille mots, disent-ils.

On peut même rire de l'idée selon laquelle 'Dieu est devenu Homme, et qu'il est mort sur la croix' ! Comme disait Bakhita, « chez nous, seuls les esclaves sont cloués sur la croix ». Ou encore le fait qu'un bandit et tueur en série puissent aller au paradis simplement parce qu'il demande pardon. Vraiment, il y a de quoi rire jusqu'à se rouler par terre. Maintenant tu comprends pourquoi il est important de redevenir un enfant pour comprendre le sens profond et la plénitude de ces choses.

Jean-Marie Bigard disait « Si on a encore le droit de rire, même du pire, on est sauvé, sinon, on est perdu. On ne peut que rire de tout ». Revenons alors à la question de mon cher ami : « est-ce qu'on peut rire de tout ? ». On peut rire de tout avec tout le monde, mais on ne peut pas rire de tout en toute circonstance même avec nos meilleurs amis. Maintenant la question à laquelle tu devrais répondre est : dans quelles circonstances peux-tu rire ou pas ? Bien à toi.

7. Être cohérent, être constant et être consistant

En grandissant, il existait une petite phrase très populaire dans mon entourage attribué à tort ou à raison à des hommes de l'église : « Do what I say, but not what I do » (Faites ce que je dis, mais pas ce que je fais). La cohérence et la consistance demandent qu'on ne dise pas une chose et son contraire en même temps, on ne dit pas une chose et fait son contraire. La constance nous permet de suivre une ligne directionnelle claire pour tout le monde, et d'y rester fidèle.

Un exemple d'incohérence en matière de corruption

En 2019 j'ai accueilli un frère congolais chez moi. Après avoir fait la cuisine ensemble, je lui demande quel est son genre de musique. Il me dit qu'il n'est pas compliqué, il écoute de tout. Ce qui nous amène à discuter sur les grands noms dans la musique comme Michael Jackson & Rihanna, et comment ils ont piraté un morceau de Manu Dibango. Le voyant indécis, — je mets alors « Reason with me » de Rudeboy. *H*eureusement il l'aime bien. Notre échange s'est poursuivi.

Il me dit qu'au Congo, il est militaire, et qu'il continue à recevoir son salaire tous les mois jusqu'à présent depuis plus de huit ans. Surpris, je lui demande comment c'est possible ? Il me dit que c'est grâce à son père qui est général dans l'armée. Notre échange s'est poursuivi. Je lui demande quel programme télévisé il veut voir. Je me suis dit peut-être c'est plus simple qu'on regarde un peu la télévision nationale du Congo. — Cela me permettra certainement d'apprendre un peu plus sur les congolais. C'est comme ça qu'il me demande alors de chercher TV Congo.

Il me dit en même temps qu'il n'aime pas ! Je lui demande : pourquoi ? c'est ton pays, tu n'aimes pas ton pays ? Il me dit si, il aime bien le Congo, qu'il a des projets qu'il va aller faire là-bas, mais qu'il déteste la vie là-bas parce qu'il y a trop de corruption. Je lui dis : « frère, tu m'as dit tout à l'heure que tu continues de recevoir ton salaire depuis plus de huit ans, alors que tu n'es plus au bled, — comment tu peux te plaindre de la corruption et en même temps être à plein dedans ? » Il me dit ah non, c'était comme ça avant lui, il ne peut rien y faire. On a toujours fait comme ça.

Je lui dis, quelle bêtise, pour que le changement arrive, ça doit commencer quelque part, avec quelqu'un. La bonne nouvelle c'est que le point de départ peut très bien être toi. Tu peux décider aujourd'hui que tu ne prendras plus aucun salaire pour un travail jamais effectué.

LES LEÇONS TIRÉES

Ces échanges m'ont une fois de plus rappelé que les hommes sont incohérents et inconsistants. Tu dénonces la corruption, alors que toi même tu es en plein dedans. — Comme on dit chez nous « Bobolo di cosh coki say dem tie eee neck » (le bâton de manioc insulte le koki parce qu'on lui a attaché le cou ».

Le Koki @Mbecha
Media

Le Bobolo (bâton de
manioc)

Un autre exemple : l'égalité « homme – femme » et la dot.

Nicolle est une femme avec qui j'ai longuement échangé sur l'égalité homme – femme. Elle m'explique comment elle déteste le fait que les femmes doivent changer leur nom pour prendre celui de leur mari, « l'une des malédictions des femmes » dit-elle. Au cours de notre discussion, j'apprends qu'elle a une fille. Je demande donc qu'étant donné que nous sommes en France, si quelqu'un devait se marier avec ta fille, il n'aurait pas de dot à payer ou bien ? Elle me dit, « non, le mariage va se passer en Afrique, et l'homme devra payer la dot comme il se doit. Et si l'homme est blanc, il devra d'abord payer une amende ». Étonné, je lui demande « comment tu peux parler d'égalité homme-femme, et en même temps soutenir l'idée de dot ? ». Elle me répond « ça a toujours été comme ça ». D'accord.

Chez World like Home — nous avons appris à être cohérents, avec nos dires et consistants dans nos actions.

Être consistant et cohérent dans son engagement pour World like Home

Imaginez-vous un instant que Tim Cook n'utilise jamais l'iPhone ? ou Brian Chesky qui n'utilise jamais AirBnB ? Pensons un peu à Frédéric Mazzella qui refuse lui-même d'utiliser sa plateforme de covoiturage Blablacar. Quelle catastrophe direz-vous ! Or, ce sont des scénarios qui se produisent très souvent dans des startups.

J'ai eu à mettre de côté au moins deux personnes, parce qu'elles refusaient de faire un service lié à World like Home, alors qu'elles ont la capacité de le faire. En revanche, je suis compréhensif envers un membre de l'équipe qui me répond avec explications.

Dans une startup comme la nôtre, tout geste compte énormément pour notre croissance. Comme disait si bien Steve Jobs « nous ne fabriquons que des produits que nous pouvons nous même utiliser et que nous aimerions recommander à nos amis ». Alors, c'est inconsistant et incohérent d'être membre de l'équipe World like Home et refuser par exemple d'être volontaire World like Home.

La constance inspire la fidélité

En 2014 j'ai été élu vice-président de l'association des étudiants Camerounais du Mans. Je me suis posé la question de savoir comment je pouvais aider les gens à apprendre l'anglais ? Une idée me vient en tête : envoie des petits sms tous les dimanches avec des phrases en anglais. J'avais un double objectif : les aider à apprendre l'anglais à travers de simples phrases d'inspiration et de motivation.

Au cours des années qui vont suivre, les gens qui recevaient mes sms ont plutôt vu en moi quelqu'un de constant et de fidèle. Je pense notamment à Larissa, dès qu'elle m'a vu, elle disait à ses amis — « Andrew est quelqu'un de fidèle, depuis plusieurs années il m'envoie des sms tous les dimanches ».

Effectivement, vous aurez compris, je n'avais pas pensé à une telle interprétation. Au cours des cinq dernières années d'existence de ces « Sunday sms », j'ai reçu beaucoup de réactions qui m'ont surpris, la majorité dans un sens positif et encourageant. Aujourd'hui je continue à recevoir pleins d'appréciations des amis qui reçoivent ses sms tous les dimanches. C'est pour eux que je continue à le faire jusqu'à ce jour !

Chez World like Home nous avons appris qu'être constant inspire la fidélité chez nos partenaires. Ils savent qu'ils peuvent compter sur nous dans la durée. Bien sûr, la constance dans l'excellence — ou la recherche de cette excellence, et non dans la médiocrité.

Et l'incohérence chez quelques membres de mon équipe

Il y a un temps pour tout, — un temps pour naître et un temps pour mourir ; un temps pour mettre le carburant et un temps pour rouler ; un temps pour planter et un temps pour récolter ce qui a été planté. Dès lors, comment pouvons-nous récolter ce qu'on n'a pas planté ?

Pendant les réunions d'avancement, j'ai eu des membres de mon équipe qui n'ont pratiquement rien fait depuis notre dernière réunion, mais c'est toujours eux qui se plaignent que le projet n'avance pas assez rapidement. Par exemple, quelqu'un va prendre 3 mois pour faire un travail de deux semaines. A la fin c'est lui qui se plaint que le projet n'avance pas du tout. Comme disait si bien mon père « pas de sueur, pas de bonbon ».

Un autre membre de mon équipe se plaint, estimant qu'il n'y a que lui que je sollicite à chaque fois, jamais les autres ! Plutôt que de pointer du doigt, la seule question valable à se poser est : —— qu'est-ce que je fais de mon côté pour l'avancement des choses ? « Un charpentier paresseux se plaint toujours de ses outils » disent-ils. Il faut toujours se rappeler que, pour changer le monde, il suffit de changer soi-même.

Après je reconnais qu'il peut avoir des moments et situations légitimes où quelqu'un peut se demander ce que l'autre fait. Mais si cette question est posée dans le but de chercher une excuse, alors je la trouve problématique.

Comme la vie est formidable, ce sont toujours ceux qui ne foutent rien qui se plaignent en premier du fait que le résultat tarde à venir. En mécanique, c'est quelqu'un qui refuse de mettre le carburant dans sa voiture, mais espère que la voiture va rouler et même monter des collines. Bref, soyons cohérents, plantons pour pouvoir récolter.

8. Reste positif, chaque rencontre est une opportunité d'apprentissage

Certes nous n'avions pas la main — sur toutes les circonstances ou encore sur toutes personnes que nous rencontrons chaque jour. En revanche, nous avons toujours la main sur l'interprétation que nous donnons à ces choses : positive ou négative, opportunité ou menace.

Des étudiants qui voulaient se rassurer qu'ils puissent nous faire confiance vis—à—vis des services proposés demandent à leurs frères, sœurs ou connaissances en France de m'appeler pour en savoir plus. Je pouvais refuser de répondre à tous ces appels d'autant qu'ils étaient répétitifs et parfois à des heures impossibles.

J'ai décidé de prendre cela comme une opportunité de leur expliquer le travail qu'on fait pour faciliter la vie des étudiants étrangers qui aimeraient étudier en France. A ma plus grande surprise, ils ont non seulement rassuré les étudiants en question, ils nous en ont apporté d'autres.

Apprendre à saisir des opportunités cachées, déguisées, en regardant le côté positif de toute chose. Les difficultés que nous avons connues depuis le début, nous ont servi comme un formidable moyen d'apprentissage. Disons que nous étions en formation pendant tout ce temps

9.   Être ouvert avec son entourage

L'ouverture ne signifie pas que tu bombardes les gens des informations sur ta vie, encore moins sur la vie de quelqu'un. Elle signifie que tu partages avec celui qui a le droit de la connaître, la simple vérité. Qui a le droit de connaître quoi et quand alors ? Scrutons quelques exemples de notre expérience.

Pour présenter World like Home, beaucoup de gens disaient que c'est risqué, quelqu'un peut piquer l'idée. Alors, tu veux chercher des partenaires pour ton projet ou tu préfères que le projet n'aboutisse jamais ? Simplement parce que tu as peur que quelqu'un te pique l'idée. Ne dit-on pas que « l'idée ne vaut absolument rien, vraiment rien. La seule chose qui compte c'est l'exécution ». Ce n'est pas pour dire qu'il n'y a pas de risque.

Pour moi, l'autre risque, « le risque de non-exécution » est plus important que le risque, « quelqu'un pique ton idée ». Combien d'idées géniales n'ont jamais vu le jour ? J'ai même envie de dire que « ce n'est pas si grave que quelqu'un pique ton idée », le plus important est que le problème soit résolu pour l'humanité. Confronte tes idées aux idées des autres, et que le meilleur gagne :)

Au tout début, Boris était très surpris de notre professionnalisme. —— Je faisais toujours des points téléphoniques pour les tenir informés des avancements de World like Home. Dès que nous avons commencé, nous avons eu de très grandes difficultés, j'ai immédiatement informé Tongwa Atem, Loïc Fotching et Boris Tegua, nos premiers investisseurs. C'est grâce à ces ouvertures que nous avons pu finir sur de très bons termes, malgré la somme colossale que nous avons perdue.

A quelques exceptions près, la majorité des soutiens financiers que j'ai reçus des amis et des proches sont des soutiens que j'ai moi-même demandé expressément. Sans cette ouverture, c'est sûr que je n'aurais jamais eu la plupart. C'est chouette parce que tu te rends compte que beaucoup de personnes prennent du plaisir en t'aidant. Alors pourquoi s'enfermer sur toi-même avec tes problèmes ? Tu as peur que les gens se moquent de toi ? et puis quoi d'autres ? Sans toutefois cautionner un tel comportement, si quelqu'un s'est moqué de toi, et qu'il te donne ce dont tu as besoin, ton problème c'est lequel à la fin ? Et même s'il ne te donne rien, tu passes à quelqu'un d'autre. La vie est un combat. Nous sommes des soldats sur un front de guerre. Nous

LES LEÇONS TIREES

faisons tout pour survivre, en respectant les conventions bien sûr.

Je dois admettre que cela était peut-être un peu plus facile pour moi ; je pourrais à juste titre leur dire que me soutenir, ce n'est pas seulement soutenir World like Home, mais surtout, c'est soutenir les idéaux auxquels nous aspirons ; un monde où chacun de nous peut s'épanouir, un monde où chacun de nous peut décider d'être heureux.

Une chose est sûre, le fait que tu sois ouvert avec les gens ne garantit pas qu'ils te croiront. C'est sûr. Je pense à un partenariat que j'ai eu pour trouver une solution aux problèmes de logement. Malgré le fait que j'ai pris mon temps pour tout expliquer à plusieurs reprises, — notre partenaire a complétement refusé de me croire. Allant jusqu'à m'appeler « escroc ». D'accord, quand c'est comme ça, miraculeusement, c'est l'ouverture encore qui vient me sauver parce que je sais que je n'ai rien à cacher. Je suis tranquille avec moi-même.

L'ouverture n'est jamais gagnée d'avance. Personne n'a dit que c'était sans risque. Prenons tout d'abord ce livre que tu tiens entre tes mains (ah oui, tu lis plutôt la version numérique ?). L'accès intime que je donne sur ma vie et sur

World like Home, n'est pas sans risque. Mais comme le dit si bien Leo F. Buscaglia :

Rire, c'est risquer de paraître fou,
Pleurer, c'est risquer de paraître sentimental.
Tendre la main à un autre, c'est risquer d'être impliqué,
Exposer des sentiments, c'est risquer d'exposer soi-même.
Placer vos idées et vos rêves devant une foule, c'est risquer leur perte.
Aimer c'est risquer de ne pas être aimé en retour,
Vivre, c'est risquer de mourir,
Espérer, c'est risquer le désespoir,
Essayer, c'est risquer l'échec.
Mais il faut prendre des risques car le plus grand danger de la vie est de ne rien risquer. La personne qui ne risque rien, ne fait rien, n'a rien, n'est rien. Il peut éviter la souffrance et le chagrin, Mais il ne peut pas apprendre, ressentir, changer, grandir ou vivre.
Enchaîné par sa servitude, il est un esclave qui a perdu toute liberté.
Seule une personne qui risque est libre.

Exactement, « seule une personne qui risque tout est vraiment libre ». Ceci n'empêche pas néanmoins de se poser la question : Quel est le risque si je fais telle ou telle chose ? De cette manière, nous avons au moins une idée de ce qui nous attend en cas d'échec.

Pour celui qui n'avait pas capté directement, il faut admettre que le risque c'est aussi le fait qu'on ne prévoit pas tout le spectre des risques possibles. Par exemple, à aucun moment je n'avais considéré le problème de mes papiers comme faisant partie des risques avant le lancement de World like Home. Or, à lui seul, il reste le plus grand problème que j'ai jamais eu de toute ma vie. Jusqu'à présent en tout cas.

En mécanique comme en mathématiques, on appelle ce type de phénomène « une singularité ». —— Quand une singularité montre son visage dans un système, on dit que le système n'a pas de solution. Concrètement, le système est dit « instable » car — hypostatique. Nous sommes alors obligés de revoir la conception ! Ne pas avoir pris cela en compte au début, est-ce par négligence, naïveté ou excès de confiance ? A chacun d'arriver à ses propres conclusions.

Quand je réfléchissais à comment m'en sortir de — l'impasse de papier[20], ce petit trou. J'ai pensé à demander aux amis de me faire des lettres par rapport à mon implication dans la vie locale. Assez rapidement, je me suis aussi demandé « comment est-ce qu'ils vont me juger ? certains vont probablement dire que tu fais tout ce que tu fais là pour les papiers ». Mais à ma plus grande surprise, beaucoup prenaient du plaisir à partager mon histoire et à faire une lettre pour la préfecture.

---

[20] Titre de séjour

Parmi ceux-là, ma voisine Lebouc Amandine, — qui apprécie le fait que je lui demande. En termes de rapidité, rien à dire, mon ami Sorkan Mikaël devrait être inscrit au Guinness World Records pour la rapidité et la réactivité. Le Père Johan Visseur passe une nuit blanche pour me faire une lettre dans les délais impartis, Claire Corvée qui écrit la lettre et m'autorise à la signer pour elle. Le cas de Tchoupe Ludovic reste exceptionnel, parmi tous, il est le seul à avoir proposer lui-même de me faire la lettre. Christophe Massé et Jacques Nkoa qui ont certes pris beaucoup de temps, mais pour me faire une lettre exceptionnelle. Ne dit-on pas que le temps cache des belles choses ? — Comme diraient les Chinois, à celui qui est patient, les choses arrivent toujours au bon moment. Mickael Leroux qui accepte aussitôt sans hésitation ou encore Florence Rottereau, Anne-Laure Lavalliere, Pierre Gilbert et Sala Ouédraogo qui prenaient du plaisir à faire le « travail » que je leur ai donné. Ah oui, il faut avoir foi en l'Homme !

10. Faire confiance aux gens, mais penser aux imprévus

Faire confiance aux gens demande que tu dépendes d'eux pour quelque chose parfois de très important. Un travail à faire ? Une décision à prendre ? Résoudre un problème ? les possibilités restent infinies.

L'idée d'avoir un forum venait effectivement de Joel Hans. Le nom même 'World like Home' viens de Noubi Raïssa, après que j'ai demandé à plusieurs amis de me proposer des noms. C'est la même Raïssa qui nous a écrit un morceau pour World like Home. De Xing qui est très pragmatique à notre CTO qui est super efficace, ne dit-on pas que « pour former une super équipe, il faut chercher des gens qui sont plus intelligents que soi ? »

L'intelligence collective qui était autrefois possible seulement avec nos amis proches et nos connaissances immédiates, est aujourd'hui possible à l'échelle mondiale.

—— Grâce aux plateformes de crowdsourcing comme Freelancer.com, il est maintenant possible d'ouvrir nos tentacules et de toucher les gens partout dans le monde. C'est comme ça que j'ai pu avoir des vidéos et le logo de 'World like Home' à un prix vraiment négligeable, mais

aussi un vaste océan
d'options à choisir. —
Tout cela a bien —
évidemment un prix :

un temps de communication très important !

Mais cette confiance n'empêche pas non plus de penser aux imprévus, comme des membres qui n'assistent pas aux réunions pour telle ou telle raison ou encore un départ non-anticipé, malgré tous les signes qui étaient au rouge, et cætera, et cætera.

11. Réfléchir à long, court et moyen terme

Au cours de ces années, j'ai eu à échanger avec beaucoup de personnes issues d'horizons très variés et divers. — Beaucoup ont émis des réserves, des interrogations : les étudiants n'ont pas d'argent, l'idée est géniale mais il faut créer plutôt une association, — pourquoi tu gaspilles ton diplôme d'ingénieur ? Pourquoi tu as étudié la mécanique si c'est pour faire ça ? Depuis des années, qu'est-ce que vous avez gagné ? qu'est-ce que vous avez fait ? Est-ce que tu penses à ta famille ? Ils doivent être malheureux, vraiment. Efuet fait même quoi ? quelle honte.

L'agriculteur récolte seulement ce qu'il ou elle a planté. Ayant cela à l'esprit, pendant la saison de semence, il ou elle met tout en œuvre pour préparer les champs, semer, tout en espérant avoir une bonne récolte. Plus l'effort est important, plus la récolte sera importante. L'agriculteur sait bien que pour espérer avoir des récoltes à long et moyen terme, il doit fournir l'effort nécessaire à court terme. Nous avons encore beaucoup à apprendre des agriculteurs.

Un jour, un membre de mon équipe me demande comment je peux accepter le fait que les étudiants versent l'argent à nos partenaires directement. Pour lui, le risque c'est qu'ils prennent l'argent et refusent de donner la partie qui revient à World like Home. Après tout, chez nous on dit « Anu nkap à tebong eshuo mma betat boh ! » (En matière d'argent, il n'y a pas de frères, ni d'amis). Je lui dis « effectivement, c'est parce qu'il réfléchit à court terme, moi je réfléchis à long terme. Un partenaire qui me fait un tel geste, je sais que je ne peux pas compter sur lui. Je sais très bien qu'à long terme, ce n'est pas une stratégie qui peut marcher. En revanche, à court terme, c'est très utile, vu la diversité des moyens de paiement que nous avons, nous n'avions pas les ressources nécessaires pour gérer tout cela. Cela nous libère d'un temps fou, mais aussi instaure la confiance entre nous et nos partenaires ».

LES LEÇONS DE NOTRE PREMIER ECHEC

La question que j'aime souvent poser aux gens qui décident de nous quitter est la suivante : qu'est-ce qui a changé entre le moment où tu as dit « oui j'adore, j'aimerais en faire partie » et maintenant que tu dis « je ne veux plus faire le chemin avec vous ? ». Est-ce que tu penses que le besoin n'existe plus ? La réponse que je reçois toujours est celle-ci « je ne savais pas que ça allait prendre autant de temps. Je préfère m'investir sur quelque chose qui me donne les sous dans l'immédiat ».

Une fois de plus, regardons l'exemple de l'agriculteur, réfléchissons à long, court et moyen terme. Dans un secteur aussi innovant que le nôtre, il faut fournir beaucoup d'efforts pour prétendre récolter. —— La moisson sera abondante. Comme l'a si bien résumé un philosophe et guerrier d'un lointain passé : « Dieu a posé le travail pour sentinelle de la vertu ».

12. Conclusion partielle

Ce que j'aime dans la notion du frottement c'est ses deux visages : positif et négatif, avantages et inconvénients. La vérité est que dans chaque cas, c'est à nous de donner nos propres interprétations aux circonstances qui nous tombent dessus. Inutile de préciser que notre manière de réagir dépend effectivement de l'interprétation que nous allons donner à l'événement. Penses-tu que le frottement est là pour t'empêcher d'avancer ? tu as raison. Penses-tu que le frottement est là pour t'aider à avancer ? tu as également raison. Quelle est ton interprétation ?

Une pomme va toujours tomber du haut vers le bas, c'est une vérité sur notre planète. Les lois fondamentales des sciences marchent toujours, puisqu'elles sont toujours vraies. Ce qui marche, c'est ce qui est vrai. Vrai chez vos clients, mais vrai aussi sur la balance économique. Dans ce chapitre, partant de nos expériences, j'ai essayé de vous montrer comment nous essayons de rechercher la vérité. Comme disait Ibn al-Haytham « la recherche de la vérité est ardue, la route qui y conduit est semée d'embûches, pour trouver la vérité, il convient de laisser de côté ses opinions. Dans notre quête de la vérité, nous devons aussi remettre en question nos propres théories à chacune de nos recherches afin d'éviter de succomber aux préjugés et à la paresse intellectuelle. Agissez de la sorte et la vérité vous sera révélée ». A présent, regardons les éléments satisfaisants de notre expérience.

LES LEÇONS TIREES

Chapitre 5 : L'Accélération

Les éléments satisfaisants

Le Récapitulatif

Quelle est notre fierté après tant d'années de voyage ? — Un « Problem-Product-Fit » lénifiant, qui pilote un business model raffiné — et séduisant, aux services d'une roadmap solide et réaliste. —— Le tout aux services d'une vision intimement humaine, portée par une équipe déterminée, qui a su résister aux plus grandes pluies et tempêtes au cours des années. Adossons-nous sur celle-ci pour appuyer sur l'accélérateur.

Plan du chapitre

Les éléments satisfaisants

Le vendredi 26 avril 2019 je voyage pour la région parisienne, précisément à l'Hay—les—Roses pour rendre visite à un ami du lycée. Le lendemain, j'avais une réunion avec mon associé Xing. Pour y aller, bizarrement je décide de prendre un taxi. Après nos échanges de plus de deux heures, je demande à Xing s'il y a des bus pour aller à l'Hay-les-Roses. Il répond par l'affirmative. Je découvre plus tard que le bus est d'ailleurs gratuit, quelle bonne nouvelle pour moi. Je me suis demandé pourquoi ce n'était pas comme ça dans toutes les villes. Le terminus du bus est plutôt à la mairie de Villejuif. — Je dois donc marcher pour arriver à destination. L'idée du taxi ne m'est même pas venu en tête cette fois-là. J'utilise mon GPS pour voir l'itinéraire à emprunter. L'itinéraire que j'avais étais à peu près comme ceci :

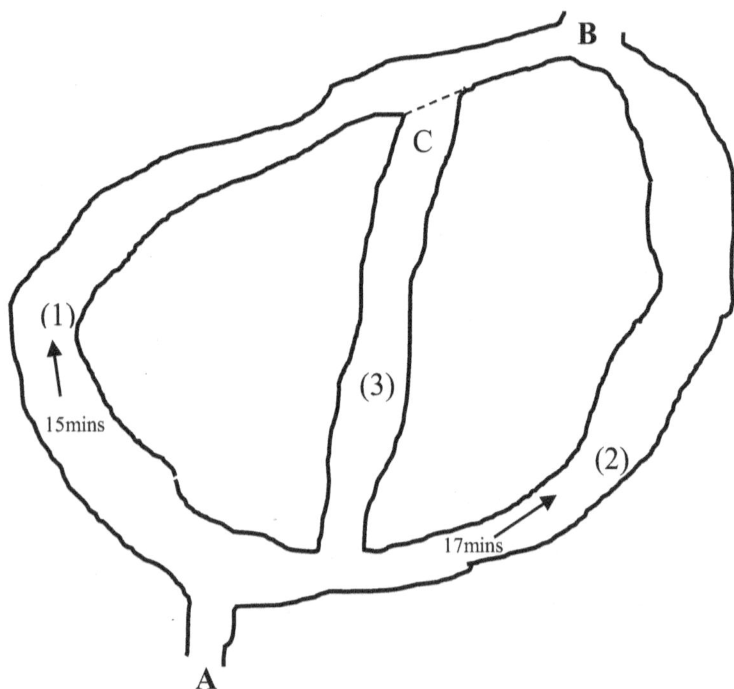

Les propositions d'itinéraires par mon GPS pour aller du point A au point B

Mon objectif était de quitter du point A au point B. Dans un laps de temps très court puisqu'il a commencé à pleuvoir.

——— Après quelques minutes de marche, je vois qu'apparemment il y a un autre chemin, le chemin (3) ci-dessus, qui est logiquement le plus court pour arriver à destination. J'emprunte ce chemin, contre l'avis de mon GPS. Après plus de 10 minutes de marche, le chemin qui me semblait plus court conduit à une impasse (le point C ci-dessus). En face de moi, je vois un grand mur avec des verres qui nous découragent d'escalader. De l'autre côté du mur, il y a la route que je souhaite rejoindre. Je regarde à gauche, à droite, rien. —— Après quelques secondes de réflexions, j'accepte finalement qu'il faut faire demi-tour. L'homme qui emprunte des raccourcis pour réussir finit parfois dans des impasses, disent-ils.

Une question se pose : pourquoi persévérons-nous **?** Peut-être sommes-nous arrivés à notre impasse, après tant d'années de route.

Un ami avec le fameux problème de papier me disait « lorsque le temps passe, je me rapproche de plus en plus de mon objectif ». Pas forcément, je lui dis. Rien ne te permet de dire cela. Si tu es dans l'impasse comme j'étais dans cette rue à Villejuif, plus le temps passe, plus tu t'enfonces. Lorsque tu es dans une impasse tu t'enfonces à la seule condition de rester sur place à ne rien faire mais si tu reviens sur tes pas, cela te permet de prendre du recul sur la situation et de réfléchir à un autre moyen de te rendre à ta destination. Soit tu as des éléments (une sorte de GPS) qui te permettent de savoir que tu es sur la bonne route, soit tu réalises assez tôt ton erreur et tu décides de faire demi-tour.

LES ELEMENTS SATISFAISANTS

Aujourd'hui chez World like Home, nous avons des éléments qui nous permettent de savoir que nous sommes sur la bonne route, sur le bon chemin, que nous ne sommes pas dans une impasse. Dans les lignes qui vont suivre, je vous présenterai quelques éléments satisfaisants de notre expérience. Collectivement, nous pouvons les appeler les acquis de base. Cette section est sciemment présentée de manière succincte.

1. Le « Problem-Solution-Product Fit »

Au chapitre 2, je vous ai démontré que pour résoudre volontairement un problème, il faut d'abord bien le définir. Au début de World like Home, nous avons très mal posé le problème et par conséquent, la solution et le produit.

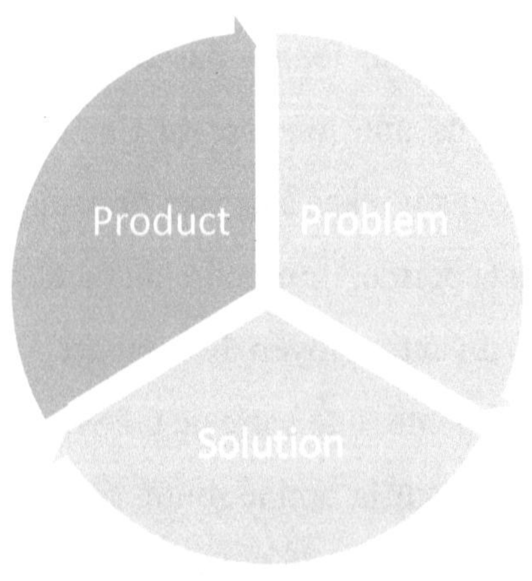

Le « Problem-Solution-Product Fit » (2)

Toutes ces années d'expériences nous ont permis de revoir le problème en lui-même, et par conséquent revoir la solution et le produit. Nous pouvons alors parler d'un « Problem-Product fit » quasi-parfait. En d'autres termes, un mariage plus harmonieux entre le problème, la solution et le produit. Une telle approche a indubitablement une conséquence d'avoir un business model séduisant.

2. Un business model séduisant

Voici une parabole raconté par le Nazaréen : Un homme de haute naissance s'en alla dans un pays lointain pour recevoir la dignité royale et revenir ensuite. Ayant appelé ses serviteurs, il leur donna dix mines et leur dit : « Faites-les valoir jusqu'à ce que je revienne. » Quand il fut de retour, après avoir reçu la dignité royale, il fit appeler ces serviteurs auxquels il avait donné de l'argent, pour savoir quel profit chacun en avait tiré.

Le premier se présenta et dit : « Seigneur, votre mine a rapporté dix mines. » Il lui dit : « très bien, bon serviteur ; — puisque tu as été fidèle en chose infime, tu auras le gouvernement de dix villes. » Le second vint et dit : « Votre mine, Seigneur, a produit cinq mines. » A lui aussi il dit : « Et toi, deviens gouverneur de cinq villes. » Et un autre vint et dit : « Seigneur, voici votre mine que j'ai tenue serrée dans un linge. Car j'avais peur de vous, parce que vous êtes un homme dur : vous retirez ce que vous n'avez pas mis en dépôt, et vous moissonnez ce que vous n'avez pas semé. »

Il lui dit : « Je te juge sur ce qui vient de ta bouche, mauvais serviteur ! Tu savais que je suis un homme dur, retirant ce que je n'ai pas mis en dépôt et moissonnant ce que je n'ai pas semé ; alors pourquoi n'as-tu pas mis mon argent à la banque ? Et à mon retour, je l'aurais récupéré avec un intérêt. » Et il dit à ceux qui étaient là : « Otez-lui la mine et donnez-la à celui qui a dix mines ».

Le troisième serviteur n'a pas voulu tenter de chercher un business model qui pouvait multiplier l'argent qu'on lui a confié. Il était un mauvais serviteur. Je comprends mieux maintenant pourquoi Oussama Ammar définit une startup comme « une organisation sociale temporaire en quête d'un business model. Une startup est scalable, réplicable et profitable ».

La recherche de ce business model est une démarche continue. Par rapport à nos débuts, nous pouvons nous réjouir aujourd'hui d'avoir repensé notre modèle et trouvé un modèle plus séduisant. C'est le business model qui permet à une boîte de rester valable dans le temps.

3. Un processus clair

C'est beau d'avoir un super business model, mais sans un processus clair, la machine ne peut pas tourner de façon optimale. Prenons le cas d'une voiture, inutile d'appuyer sur l'accélérateur si la voiture n'est pas déjà démarrée. Pour que la voiture démarre et se mette en marche, il y a une procédure à suivre, plus ou moins à la lettre. C'est du formalisme. —— Paul RICŒUR disait « le formalisme procédural garantit l'impartialité », je peux surtout ajouter ceci « le formalisme procédural évite la perte de temps ».

Illustration du formalisme

Quand un étudiant nous contacte, quel est son parcours ? Quand un volontaire nous contacte, quel est son parcours ? Quand quelqu'un nous contacte parce qu'il ou elle veut intégrer l'équipe World like Home, quel est son parcours ?

En cas d'imprévus, comment y répondre ? Aujourd'hui, grâce à notre expérience, — nous avons les éléments de réponses à toutes ces questions. En annexe C et D je vous ajoute un document de travail que j'utilise avec mon équipe.

4. Une roadmap solide et réaliste

C'est bien d'avoir un business model et un processus clair qui accompagne ce business model. Mais sans une stratégie solide et réaliste, c'est presque voué à l'échec. Dans notre secteur, c'est en partie le vieux problème de l'œuf et de la poule : qu'est-ce qui vient en premier ? L'offre et la demande, qui vient en premier ?

Pour notre cas, faut-il se focaliser sur les étudiants ou sur les volontaires ? Quelle est la roadmap ? Aujourd'hui nous avons les éléments de réponses, grâce à notre expérience.

Dans son article « comment construire une plateforme du type P2P » Elizabeth Yin démontre que pour construire une plateforme du type C2C, P2P, il faut se focaliser sur l'offre au début et non sur la demande. Regardons par exemple Airbnb. ——— Leurs stratégies de croissance étaient principalement portées sur les hôtes (hack de Craigslist, travail avec les hôtes pour les photos pro, et cætera), et non sur les voyageurs. Regardons encore Tesla et les voitures électriques. On peut dire que l'arrivée des voitures électriques bon marché à 35k (offre) a fait augmenter la demande de voitures électriques. Sur le marché du travail, ce sont les offres de travail disponibles sur le marché qui poussent les formations dans tel(le) ou tel(le) secteur (demande). Eh bien, l'œuf et la poule : qui vient en premier ? Reformulons la question, et posons-la autrement : entre l'œuf et la poule, qui peut être assimilé à l'offre, et qui à la demande ? A toi de jouer.

5. Une mission au service d'une vision intimement humaine

Au cours d'une session de travail avec mon équipe, j'ai demandé à tout le monde de répondre à la question : « Selon toi, quels seront les plus grands défis du monde en 2050 ? ». Parmi les réponses, il y avait celle-ci : — « Un monde qui devient de plus en plus virtuel ». Je demande alors : Quelle solution World like Home peut apporter à ces défis ?

Workshop World like Home, 2017

Mon frère Xing, m'apporte cette réponse géniale : « dans un monde où le virtuel prend de plus en plus le dessus sur le contact humain, d'ici 10 à 20 ans, World like Home doit être la structure qui remet le contact humain au cœur, et lui redonne tout son sens ». C'est formidable Xing, merci beaucoup.

6. Une équipe déterminée

Xing et Atem Web Summit 2015

Au début de World like Home, j'ai formé une équipe de plus de dix personnes pour mener à bien le projet, avec une pluralité sur tous les domaines. L'équipe a très vite évolué pour trouver sa stabilité autour de 3 à 5. La figure ci-dessous montre l'évolution de l'équipe de septembre 2014, le jour où j'ai discuté avec les premières personnes, — jusqu'à décembre 2019, au moment où je suis en train de rédiger ce paragraphe.

Évolution de l'équipe WIH : 10+ en Septembre 2014 ;
4+1 en Décembre 2019

A la question de savoir « pourquoi les gens nous quittent ? ». Certains voudront l'interpréter comme une faiblesse, comme une validation que le projet ne mérite pas l'attention. Je l'aborde toujours autrement. D'abord, je cherche à comprendre leurs motivations, —— une simple démarche de compréhension et d'écoute. Ceci sans porter aucun jugement sur leurs décisions pendant notre échange, encore moins chercher à les convaincre de changer d'avis. En fonction de la réponse que j'aie, et si effectivement j'ai une réponse, j'analyse si c'est raisonnable ou pas, au vu de toutes les données dont je dispose. Personnellement, je ne suis pas surpris que les gens nous quittent, dans chaque projet, chaque équipe, les gens disent au revoir toujours, pour des raisons diverses. Chaque démarche, et chaque cas est différent, par conséquent, —— toute généralisation prématurée peut être dangereuse et préjudiciable. Après tout, ce n'est pas donné à tout le monde de travailler pendant tant d'années sans aucune récompense financière. Il faut le reconnaître aussi.

Pour notre CTO, c'est le manque de solution globale d'accompagnement des étudiants qui l'a séduit à rejoindre World like Home : « Ayant constaté le manque de solution globale d'accueil, — la solution proposée par Efuet m'a immédiatement séduit », dit-il.

Xing s'est immédiatement identifié à mon histoire en tant qu'étudiant étranger en France : « Dès que Efuet m'a parlé de son histoire, je me suis retrouvé dans celle-ci. J'ai tout de suite été convaincu par la solution ». C'est pourquoi il fait le chemin avec moi depuis le début de l'aventure.

Pour mieux comprendre pourquoi j'ai décidé de prendre cette voie que certains considèrent comme radicale, alors que je considère comme une suite logique, il faut d'abord comprendre le terme « ingénieur ». Pour moi, un ingénieur c'est —— « quelqu'un qui est formé pour résoudre des problèmes ». Rappelons-nous de l'histoire du bon Samaritain.

Un homme descendait de Jérusalem à Jéricho. Il tomba au milieu des brigands, qui le dépouillèrent, le chargèrent de coups, et s'en allèrent, le laissant à demi mort. Un prêtre, qui par hasard descendait par le même chemin, ayant vu cet homme, passa outre. Un lévite, qui arriva aussi dans ce lieu, l'ayant vu, passa outre. Mais un Samaritain, qui voyageait, étant venu là, fut ému de compassion lorsqu'il le vit. Il s'approcha, et banda ses plaies, en y versant de l'huile et du vin ; puis il le mit sur sa propre monture, le conduisit à une hôtellerie, et prit soin de lui. Le lendemain, il tira deux deniers, les donna à l'hôte, et dit : Aie soin de lui, et ce que tu dépenseras de plus, je te le rendrai à mon retour.

C'est quoi l'erreur du prêtre et du lévite ? Ils ont oublié celui qui avait vraiment besoin d'eux juste à côté, le voyageur, attaqué et laissé pour mort par des bandits. A cause d'un formalisme qui refuse d'admettre sa raison d'être. Ils avaient oublié leurs devoirs le plus élémentaire : venir en aide à celui en besoin, juste en face d'eux. Pourtant aller officier au Temple en lui seul est un acte louable et noble. Mais ils avaient oublié d'officier à celui qui était à côté d'eux.

C'est pourquoi j'admire le courage du Samaritain, et je n'ai pas hésité à suivre son exemple en affrontant ce défi pour les voyageurs de notre époque, les voyageurs — d'aujourd'hui. Suivons l'exemple du bon Samaritain.

Pour certains, l'entrepreneuriat offre une voie vers l'indépendance et l'autonomie financière. Pour moi, ——— la motivation financière a toujours été secondaire, une conséquence de l'action. Pour paraphraser Mr Trump : — « L'argent n'a jamais été une grande motivation pour moi sauf comme un moyen de garder le score. La véritable excitation réside dans la capacité à fournir des solutions aux problèmes de la vie »

7. Conclusion partielle

Brainstorming, World like Home

Aujourd'hui, nous n'avons pas encore les réponses à toutes les questions. Malgré cela, nous avons les premiers éléments de réponses qui peuvent à présent nous servir de levier d'accélération. Ce sont les éléments satisfaisants de notre expérience.

Chapitre 6 : L'Opportunité

La force de nos fragilités

Le Récapitulatif

De l'histoire de Claire, Emily, Elise, Muniba et Tonja, je vous démontre comment transformer nos fragilités en force à travers cinq préceptes : l'acceptation, le choix, le pardon, l'espoir et le miracle. En appliquant ces préceptes, je montre comment la question des papiers était en fait une leçon de réalisme. De mon histoire d'enfance, un enfant de paysan, je démontre comment transformer un inconvénient en opportunité. Partant de l'histoire de la culture du cacao jusqu'à la production du chocolat, je fais une corrélation et une analogie entre les difficultés que les agriculteurs dans ce domaine rencontrent de façon générale et les difficultés que nous avons en route. —— Le problème du financement devient une opportunité d'innovation. Retourner aux sources est une forme d'humilité.

Plan du chapitre

La force de nos fragilités

A vrai dire, je n'avais pas prévu ce chapitre. L'idée m'est passée en tête : « dans le langage courant, on parle souvent du fait que nos faiblesses sont nos forces, ajoutons un chapitre dans ce sens. » —— J'imagine déjà l'un de mes covoitureurs me demander : « Quel peut être l'avantage d'emprunter une route en mauvais état avec de surcroît une voiture défectueuse ? » À cette question, je vous laisse déchiffrer les réponses dans les paragraphes qui suivent.

A la question de savoir comment faire si nous n'avions plus aucune raison de vivre, aucune joie de vivre, —— je te propose l'humilité. L'humilité c'est quoi ? me demandes-tu.

Une scène est racontée par Matthieu, l'évangéliste : Jésus partit de là et se retira dans le territoire de Tyr et de Sidon. Alors une femme cananéenne qui venait de cette région lui cria : « Aie pitié de moi, Seigneur, Fils de David ! Ma fille est cruellement tourmentée par un démon » Il ne lui répondit pas un mot ; ses disciples s'approchèrent et lui demandèrent : « Renvoie-la, car elle crie derrière nous. » Il répondit : « Je n'ai été envoyé qu'aux brebis perdues de la communauté d'Israël. » Mais elle vint se prosterner devant

Jésus et lui dit : « Seigneur, secours-moi ! » Il répondit : « Il n'est pas bien de prendre le pain des enfants et de le jeter aux petits chiens. » « Oui, Seigneur, dit-elle, mais les petits chiens mangent les miettes qui tombent de la table de leurs maîtres. » Alors Jésus lui dit : « Femme, ta foi est grande. Sois traitée conformément à ton désir » A partir de ce moment, sa fille fut guérie.

L'humilité c'est accepter notre situation, notre propre faiblesse et la vérité en face de nous. Sans cette acceptation préalable, —— impossible de se libérer, impossible de les dépasser. L'acceptation ouvre la porte à notre guérison. Si tu n'as aucune raison de vivre, aucune joie de vivre, il faut le reconnaître, il faut l'accepter.

Je tiens à rappeler ici que la femme cananéenne pouvait très bien réagir violemment : « tu te prends même pour qui, toi-là ? tu me compares à un chien ? du n'importe quoi. C'est ton père qui est un chien, ta mère une grosse chienne, bref tout ta famille sont des chiens, idiot, idiote encore, Salopard ! ». Mais non, elle savait bien que cette option ne pouvait pas l'aider. Elle a choisi l'humilité, elle a obtenu ce qu'elle voulait. L'humilité nous conduit vers la guérison, l'humilité nous conduit vers nos désirs les plus profonds. L'humilité nous conduit vers le chemin de la vérité.

1. L'Acceptation, l'histoire de Claire

Un jour en allant rendre visite à un ami dans un hôpital psychiatrique, nous nous sommes assis pour discuter un peu. Au cours de notre échange, une jeune fille, appelons là Claire, elle aussi hospitalisé viens nous rejoindre. Je m'intéresse à Claire. J'aimerais savoir combien de temps elle était là, et si elle aime son séjour ici. Elle m'a dit oui, qu'ici elle a du soutien, chose qu'elle n'a pas à la maison. Claire m'annonce qu'elle a eu son bac scientifique — dernièrement, et qu'elle devrait sortir dans deux semaines pour continuer une formation en IUT réseaux et télécom. Je demande si elle se sent bien ? elle me dit, maintenant oui, qu'elle se sent mieux. Mais cela a pris beaucoup de temps pour qu'elle accepte. Mon ami lui parle de ses fragilités : la recherche du travail, la famille, et cætera... qui le plombe dans le stress, puis la dépression. Je lui dis effectivement, toutes nos fragilités peuvent être une source de force pour chacun de nous. — Claire me reprend en disant : « oui, effectivement, le plus dur c'est d'accepter ».

§

Entre toi et moi, ça doit être très dur d'accepter que tu sois un chien. Claire me dit que depuis qu'elle a accepté son handicap, elle se sent mieux. L'acceptation parfois est difficile, mais il faut passer par là. La vraie guérison commence du moment où nous acceptons notre faiblesse, comme cette femme cananéenne, comme Claire.

2. Un Miracle, l'histoire d'Emily

En 1991, Emily Zamourka a quitté la Moldavie pour les États-Unis. Afin de parvenir à ses besoins, elle enseignait le piano et le violon et se battait à faire de nombreux autres petits jobs. Elle s'est retrouvée dans la rue pendant plus de deux ans, lorsqu'un qu'un vandale inconnu a détruit son violon, qui était sa principale source de revenus : « C'était mon trésor, et c'était aussi mon revenu. C'était tout », a-t-elle déclaré. Un ami et fan du talent musical d'Emily était là. « Tout à coup, je l'entends crier et je lève les yeux, c'est là que je prends mon téléphone et un gars qui la regardait attrape son violon et a couru dans la rue et deux jeunes hommes lui ont couru après », a déclaré Smith. « Et je me tenais là avec elle, en disant : « Ne vous inquiétez pas, ils vont l'attraper. » Eh bien, ils l'ont rattrapé, mais le gars a violemment jeté le violon, ce qui l'a brisée. » Sans source de revenus, elle devient sans abri car elle a souffert de graves problèmes de santé et a dû payer ses frais médicaux. « C'était une très mauvaise chose très horrible à faire et c'est

la raison pour laquelle je suis là où j'en suis maintenant »,
a-t-elle déclaré.

Sans instrument, elle a joué pour les navetteurs du métro
avec quelque chose qui ne peut pas lui être volé - sa voix
enchanteresse. « Ça a l'air génial quand vous êtes dans le
métro », a-t-elle déclaré. « Ça a l'air magnifique. » Pas de
formation classique en chant, elle a chanté dans le métro et
a recueilli des dons de personnes qui l'ont entendue.

Un jour, alors qu'elle chantait comme d'habitude, un
officier du département de police de Los Angeles a
remarqué son talent et a décidé d'enregistrer sa performance
et l'a ensuite largement partagée. De façon aussi inattendue
qu'époustouflante, elle entonne à toute voix « *O mio
babbino caro* », l'air d'opéra composé par Puccini. « Quatre
millions de personnes considèrent Los Angeles comme leur
maison. Quatre millions d'histoires. Quatre millions de
voix… Et parfois, il vous suffit de vous arrêter et d'écouter
l'une d'entre elles pour entendre quelque chose de beau »,
a-t-il commenté dans son tweet. Ce tweet est devenu viral.

Emily était tellement reconnaissante : « Il a vraiment
changé ma vie. Je tiens beaucoup à vous remercier, car s'il
ne faisait pas ce qu'il a fait, je ne serais pas là et les gens ne
connaîtraient pas mon talent. Finalement, j'ai touché votre

esprit. Je suis si heureuse d'avoir pu toucher votre cœur avec ma voix, merci beaucoup pour tout ce qui se passe en ce moment. Je vous remercie vraiment. Je suis tellement dépassée. » Le 3 octobre 2019, le producteur de disques Joel Diamond, deux fois nominé aux Grammy Awards, a offert un contrat d'enregistrement à Zamourka. Deux campagnes GoFundMe ont permis de recueillir plus de 95 000 $ pour l'aider à trouver un logement. Emily est submergée par l'effusion de soutien et de reconnaissance, l'appelant « un miracle ».

§

C'est quoi un miracle au juste ? Le mot « miracle » vient du latin « mirari » : s'étonner. Il s'agit d'un événement qui provoque la stupéfaction parce qu'il échappe au cours normal des choses. Emily a pu échapper au cours normal des choses en s'appuyant sur quelque chose que personne ne peut lui voler : sa voix enchanteresse. A chaque fois que nous nous appuyons sur nos talents, vertus, nos dons, et cætera, nous sommes sur le chemin des miracles.

3. Le Pouvoir du Pardon, l'histoire d'Elise

Elise Lindqvist est née dans un petit village suédois, et dès l'âge de 5 ans, les abus sexuels font partie de son quotidien. Elle souligne que ce n'est pas son père qui l'a maltraitée, mais des proches de la famille. Effrayée, elle obéissait, convaincue que cela faisait partie de ce que les enfants devaient endurer. « Quand ils me demandaient d'aller manger chez eux, je connaissais le prix à payer. Après je m'enfuyais, menacée de mort si jamais je parlais ». La douleur était telle qu'elle ne pouvait faire confiance à aucun adulte. Elle se sentait abandonnée par tous ceux qui devraient la défendre. Jusqu'à sa mère qui détournait le regard lorsque les hommes l'emmenaient dans une autre pièce. A l'école, lorsque l'instituteur envoyait les élèves dans la cour pour la récréation, il disait aussi : « Elise, reste ici !»

Son père était le seul qui la prenait parfois dans ses bras en lui disant «ma petite fille ». Tous les autres l'ont punie, lui reprochant d'être « laide et stupide ». « Je pense que sans les petites expressions de tendresse de mon père, je n'aurais pas survécu ». Mais après la mort de son père, alors qu'elle n'avait que 10 ans, la vie d'Elise se complique davantage. Le nouvel ami de sa mère abuse de l'alcool et l'attaque en permanence. « Un jour, il a pointé son arme sur moi, j'avais à peine 12 ans. Je l'ai supplié de tirer, parce que je ne voulais plus vivre ». Il a appuyé sur la gâchette, mais le fusil n'était pas chargé. A quatorze ans, elle s'enfuit de chez elle et arrive dans une ville où une famille généreuse prend soin d'elle. « Quand la mère de famille m'a déshabillée le premier soir, j'ai pensé, résignée, que ça allait recommencer ici aussi. Mais au lieu de cela, elle m'a lavée très délicatement ».

Elise devient très sérieuse au cours de cette période de sa vie. La mère de famille l'a abordée en lui disant : « Comme tu es belle ». « C'était une femme magnifique. Personne ne m'avait jamais traitée de belle et en un instant, j'étais totalement en son pouvoir. J'aurais fait n'importe quoi pour elle. Je l'appelais 'maman'. Elle m'achetait des vêtements et du maquillage. Un jour, elle m'a dit que je devais travailler pour elle, en vendant mon corps à ses clients. J'avais 16 ans, et j'ai obéi ».

Un jour, après avoir subi des violences répétées de la part d'un client, Elise est retournée voir sa maîtresse et lui a dit qu'elle ne pouvait plus travailler comme prostituée. « Ma maîtresse a ouvert la porte et m'a jetée dans l'escalier : 'Tu n'as plus rien à faire ici' ». Elise commence alors une vie de sans-abri, cherchant sa nourriture dans les poubelles. « Je ne connaissais que des relations destructrices, et j'ai fini avec des hommes violents. Pour me consoler, j'ai mélangé alcool et drogue, et je suis tombée dans une dépendance de plus en plus désespérée. En 1994, j'ai été admise dans un centre de réadaptation. Tout le monde avait peur de moi. Dès que quelqu'un s'approchait, je le frappais, et si je voyais un homme, je lui crachais dessus et lui lançais des gros mots. Tout ce que je connaissais, c'était la colère ».

Le comportement des autres dans ce centre lui semblait totalement étrange. « Tout le monde souriait. Au début, je me disais que j'avais définitivement atterri dans un asile de fous. Les sourires étaient provocateurs. Au bout d'un moment, j'ai même pensé que derrière ces sourires, il y avait certainement des produits chimiques fantastiques et j'ai commencé à demander quelles "pilules" ils prenaient. » Mais au lieu de "pilules", ils l'ont emmenée dans une chapelle. Méfiante et fermée, elle assiste à cette scène sans savoir ce qui se passait vraiment autour d'elle. « Je ne savais rien de Dieu, ni de la prière. L'église n'était pour moi qu'un lieu de mort ». À un certain moment, il se produit quelque chose qu'elle décrit comme une intervention surnaturelle. « J'ai eu la sensation physique de prendre une douche, mais sous une pluie de lumière et de paix. J'étais un cas humain impossible. C'est à ce moment-là que je suis née. J'ai appris à marcher dans son amour ».

Quelques mois plus tard, alors qu'elle s'habitue à regarder autour d'elle avec un œil nouveau, faisant ses premiers pas, son père spirituel lui confie qu'elle doit accomplir un pas supplémentaire. Elle doit pardonner ! « Une nouvelle fois, j'ai réagi avec une profonde colère. Comment pouvait-il s'attendre à ce que je pardonne le mal que tant de personnes m'avaient fait ?» Elise raconte qu'il a fallu lui expliquer longuement qu'elle ne pourrait jamais guérir complètement si elle ne pardonnait pas. « Ce fut un processus long et douloureux, passé dans la chapelle. Nom après nom : J'ai finalement réussi à pardonner à ma mère, qui ne m'a ni aimée ni défendue. J'ai compris qu'elle n'en était pas capable, et qu'elle aussi, était une victime ».

Depuis plus de 20 ans, Elise Lindqvist puise dans sa dramatique expérience pour aider d'autres femmes : « La première fois que je suis sortie le soir, dans la célèbre rue des prostituées de Stockholm, Malmskillnadsgatan, j'ai revu mon passé et j'ai réalisé que c'était l'endroit où je devais œuvrer ». Elle définit sa mission comme une présence maternelle et constante - une personne qui écoute, embrasse, apporte quelque chose à boire et donne quelques vêtements pour se réchauffer pendant les froides nuits d'hiver. « Quand je parviens à sortir une fille de la rue, c'est la plus belle récompense, mais ma présence est plus axée à offrir une consolation et à donner du courage. Leur faire savoir qu'il y a quelqu'un qui les aiment et qu'elles ne sont pas seules. Elles m'appellent 'maman' », dit Elise.

Invitée à prendre la parole lors d'une session du Parlement européen le 18 octobre 2016, à l'occasion de la Journée européenne contre la traite des êtres humains, elle souligne, —— dans son discours aux eurodéputés, leur responsabilité de renforcer par des résolutions concrètes l'interdiction totale de la traite des êtres humains, dans la mesure où tous les pays membres ont pris conscience du problème.

§

Pardonner c'est fondamentalement faire don de quelque chose à quelqu'un. Le sens du terme est fidèle à son étymologie : *perdonare*, en latin (per/donare). Il s'agit du don que l'on fait de son droit au ressentiment après avoir été la victime d'une offense. Le pardon consiste en effet à vaincre son ressentiment envers un offenseur, non pas en niant son droit au ressentiment, mais en s'efforçant de considérer l'offenseur avec bienveillance, compassion et amour.[21]

Le pardon est d'abord pour le bien-être des victimes elles-mêmes. Sans le pardon, il est difficile d'aller de l'avant. Tu restes alors dans une posture de victimisation. Enfermée et réduit à néant par les bêtises de l'autre, ou encore plus grave, par tes propres bêtises.

Comme Elise a pu nous montrer, le processus de pardon n'est pas toujours une démarche évidente et gagnée d'avance. Elle devient un passage obligé dès lors que nous voulons nous libérer. Seul le pardon peut nous libérer de la victimisation. Il nous permet de choisir la vie. Pardonner l'autre, c'est aussi et d'abord nous pardonner nous-même, s'abandonner à l'amour.

---

[21] Etienne Mullet, Teresa Munoz Sastre et Jacques Lecomte.

4. Choisir de vivre, l'histoire de Muniba

Le 3 mars 1987 Muniba Mazari est née à Rahim Yar Khan, dans le sud du Punjab, au Pakistan. À l'âge de 18 ans, avant de pouvoir terminer ses études, elle était mariée à un homme, contre son gré.

En février 2008, Muniba et son mari se rendaient de Quetta à Rahim Yar Khan. Leur voiture a eu un accident, lorsque son mari s'est endormi au volant. Elle subira plusieurs blessures graves, notamment des fractures osseuses au bras (au niveau du radius et du cubitus), de la cage thoracique, de l'omoplate, de la clavicule et de la colonne vertébrale. Ses poumons et son foie ont également été profondément touchés. De plus, tout le bas de son corps est resté paralysé. Après la chirurgie, elle a été clouée au lit pendant deux ans. La physiothérapie a commencé, ce qui l'a aidée à récupérer progressivement jusqu'à pouvoir se servir d'un fauteuil roulant. Sa mère a emménagé avec elle pour prendre soin d'elle, ce qui a entraîné le divorce de ses parents. Le mariage de Muniba n'a pas duré non plus.

Pour se libérer, Muniba a commencé à peindre sur son lit d'hôpital. Sa première exposition internationale a eu lieu à Dubaï - intitulée « Et je choisis de vivre ». Muniba a acquis une renommée dans plusieurs domaines, en tant qu'artiste, activiste, présentatrice, mannequin, chanteuse et conférencière en développement personnel. Cependant, la majeure partie de sa carrière s'est construite sur la peinture et le discours de motivation. Elle a participé en tant que conférencière sur divers fronts, —— le tremplin étant TEDxIslamabad.

En dehors de cela, Muniba a été choisie par Pond's (une marque de beauté) comme « Pond's Miracle Woman ». Elle a également été choisie par le salon de coiffure international Toni & Guy pour devenir la toute première mannequin en fauteuil roulant en Asie. Sa première campagne pour eux s'appelait « Women of Substance. »

§

Malgré la malchance qui est arrivée à Muniba, elle a choisi de vivre. De là, elle a décidé de chercher quelque chose qui pouvait l'aider. Elle a trouvé la peinture, l'art. Le choix de vivre n'est pas un choix passif, au contraire, c'est un choix qui se manifeste par des actes concrets : une découverte de soi, le questionnement, nos talents, et cætera. Choisir de vivre est une démarche de tous les jours qui dicte nos actes et décisions. Comme l'a très bien dit Muniba, « tu es le héros de ta propre histoire et les héros n'abandonnent jamais ».

5. Tonja, une histoire d'Espoir

En Afrique sub-saharienne, dans un village lointain, Tonja, un petit garçon rebondissant est né. Tonja est né dans une famille qui n'a jamais vraiment voulu de lui. Sa mère est tombée enceinte hors mariage. Son père avait refusé d'assumer la responsabilité de ses actes. Lorsque la mère de Tonja a annoncé pour la première fois à son petit ami qu'elle était enceinte de lui, il a dit : « Je ne suis pas le père. Combien de petits-amis as-tu ? Nous savons tous que tu ouvres tes jambes à quiconque. » Avant qu'elle ne puisse même dire un mot, il a dit : « même si c'est moi, tu devras me rendre mon sperme, je ne suis pas prêt à être père. »

Akachi la grand-mère de Tonja était complètement contre l'avortement mais sa mère l'envisageait. Elle avait peur sachant bien les risques et consciente du fait que l'avortement est illégal. Les personnes qui le font malgré tout, prennent un risque important. Les différentes histoires qu'elle a entendues ont rendu la décision beaucoup plus compliquée. C'est ainsi que Tonja se voit niaisement se développer dans l'utérus d'une femme qui n'a jamais vraiment voulu de lui. Quant à dire qu'il savait ce qui l'attendait dans le monde extérieur, Tonja pleure amèrement alors que sa mère le pousse hors de ses entrailles vers la dureté du monde extérieur. C'était aux petites heures du samedi matin.

À l'école, Tonja était retardé. Il avait de grandes difficultés à apprendre. Il a repris plusieurs classes. À chaque erreur que Tonja commettait, sa mère lui rappelle qu'elle n'a jamais voulu de lui en premier lieu. Elle disait « Je suis sûr que c'est ta folie qui a repoussé ton père. Enfant maudit ! Tu as détruit ma jeunesse. Enfant stupide ! Ton père savait que tu serais aussi stupide que lui. Tel père, tel fils ! »

La seule source d'espoir et de réconfort de Tonja était Akachi, sa grand-mère. Quand il est agressé par ses camarades de classe, sa maman trouve du plaisir à ajouter des insultes : « tu ne peux pas riposter ? Garçon stupide. Sois un homme pour une fois », dira-t-elle. Il courra vers sa grand-mère, qui l'accueillera et le réconfortera en lui disant : « viens, mon fils. Un jour tu seras grand. Jamais tu ne te battras à l'école. Si quelqu'un t'insulte, ne retourne pas l'insulte. Montre de l'amour, si tu ne peux pas, fuis. »

Tonja a eu du mal et à terminer l'école primaire à l'âge de 17 ans. Pour des raisons évidentes, il n'avait aucun espoir de voir les quatre murs d'une salle de classe pour les études secondaires. Peu de temps après, la grand-mère de Tonja est décédée. Pleura encore amèrement Tonja. Il a refusé de manger pendant 3 jours. Il ne parlait à personne. Tonja réfléchit à ce qu'il peut faire de sa vie. Il essaie de donner un sens à sa vie. Rien ne semble clair. Il n'aime pas travailler à la ferme. Il a essayé l'armée. Il a été rejeté. Que puis-je faire ? Se dit-il. Plus tard, il a trouvé du travail comme domestique dans la ville.

Tonja a perdu sa grand-mère. Il n'a pas perdu ce qu'elle lui a appris : « montre toujours de l'amour à ceux qui te détestent, tu es spécial mon fils ». Ces mots, la voix d'Akachi, Tonja s'en souvenait toujours face aux adversités de la vie.

Un jour, alors que Tonja remplissait joyeusement ses fonctions de garçon de maison, la fille de son maître, Aisha est revenue de l'école en pleurant. Elle s'est enfermée dans sa chambre. Elle a dit à son père qu'elle ne retournerait pas à cette école parce qu'elle est traitée d'obèse et laide par ses camarades de classe. Le père d'Aisha, un homme très riche, a essayé tout ce qu'il pouvait pour convaincre sa fille de 15 ans de retourner à l'école, mais elle était catégorique. Le lendemain, alors que Tonja nettoyait sa chambre, elle lui a crié dessus « qui ta demandé de nettoyer ma chambre ? » Elle lui a donné une gifle. Tonja a quitté sa chambre et est allé pleurer derrière la maison. Quand son père est revenu, elle lui a dit que Tonja avait refusé de nettoyer sa chambre. Tonja s'est vu refuser le repas du soir.

Le lendemain, alors que Tonja nettoyait la chambre d'Aisha, il a vu une note de suicide. Elle avait prévu d'en finir. Tonja a entendu Aisha en dispute avec son père : « Si je suis obligée de retourner à l'école, je me tuerai. Trop c'est trop » dit-elle à son père. Son père fait l'effort pour la troisième fois de joindre son école par téléphone, sans succès.

Le lendemain matin, Tonja était dans la maison avec Aisha. Elle l'a appelé pour qu'il lui apporte de l'eau dans la chambre. Alors que Tonja amenait de l'eau, il a décidé de lui poser des questions sur la note de suicide. Elle a répondu : « tu passes ton temps à fouiller dans mes affaires ? J'ai toujours su que tu es non seulement très ennuyeux et stupide, mais tu as aussi du sang de criminel en toi. Ton père doit également être un voleur à main armée. » À quoi Tonja a répondu calmement : « peut-être qu'il l'est, peut-être qu'il ne l'est pas, je ne connais pas mon père. » C'est à ce moment qu'Aisha eut un peu de compassion pour Tonja. Elle a demandé « vraiment ? Ma mère nous a quittés. Elle est allée en Europe avec son amant. Je n'avais que 2 ans. Depuis, nous n'avons plus eu de nouvelles d'elle ni de sa famille. »

Tonja a discuté avec Aisha pour le reste de la journée. Il lui a raconté ses jours quand il était enfant à l'école primaire. Son expérience d'être agressé à l'école. Comment il ne recevait aucun amour de sa mère. Aisha a ensuite demandé à Tonja comment il avait réussi à vivre, malgré tout cela ? Tonja a dit que son seul soutien était sa grand-mère. Depuis qu'elle est décédée, il ne lui reste que les précieux conseils qu'elle lui a donnés : montre de l'amour là où il y a de la haine, tu es spécial mon fils.

Tonja a rappelé à Aisha la chance qu'elle avait d'avoir un père très riche. Il n'est peut-être pas toujours là, mais il essaie de la soutenir. Aisha a promis à Tonja qu'elle allait retourner à l'école. Elle est retournée à l'école. Son père était content. Il ne savait pas que c'était grâce à Tonja. Avant de partir, Aisha s'est assurée d'acheter un téléphone portable pour Tonja. Au fil du temps, leur relation est devenue de plus en plus intime.

Aisha est revenue à la maison pour une courte pause. En ce lundi après-midi, le père d'Aisha est rentré chez lui plus tôt que prévu. Il la vit allongée sur les genoux de Tonja en riant sauvagement. Il est devenu furieux. Il a demandé ce qui se passait. Tonja et Aisha se sont immédiatement levés. Tout d'un coup, ils sont devenus sourds et muets. Ils ne pouvaient pas parler. « Il n'y a aucun moyen que ma fille unique se lie d'amitié avec un domestique, un analphabète et un paria. Jamais de la vie et même au-delà. J'ai l'intention de te présenter le fils de mon ami, le ministre. » Il a ordonné à Tonja de faire ses bagages et de quitter sa maison immédiatement.

Aisha dit à son père que si Tonja part, elle part avec lui. « Vous devrez tous les deux quitter ma maison. Ne m'appelez jamais. Tu as choisi un domestique à ma place, moi ton père » a-t-il dit. Aisha a pris Tonja et ils sont tous les deux allés chez un ami de la famille. L'ami de la famille a accepté de les héberger temporairement. Il tente de convaincre le père d'Aisha de les accepter à nouveau. Ecouté l'histoire de Tonja l'a bouleversé. Il a été touché. En tant que ministre de l'Éducation, il a déclaré à Tonja que son histoire pouvait inspirer tant des lycéens et des ados. Il a pris des dispositions pour que quelqu'un l'aide à peaufiner son histoire. Tonja et Aisha étaient prêts à faire le tour et à partager leur récit dans les écoles.

Peu de temps après, Tonja a découvert qu'il avait un talent exceptionnel d'orateur, un talent d'artiste caché

6. La question de « papiers », une leçon de réalisme

Dès le début, je n'avais pas considéré le problème de « papiers » comme une faiblesse, une fragilité, un risque pour moi. Et pour être plus honnête, je ne savais pas que ça allait être un vrai cauchemar. Ingénument je me suis lancé. Le premier défi était d'accepter que « oui effectivement, le premier problème à résoudre, est celui de papiers ».

Est-ce que sans le problème de papiers j'aurais eu le financement recherché ? Rien n'est véridique à cent pourcent. Bref, la question qui m'intéresse aujourd'hui est celle de savoir ce que nous aurions fait avec le financement, si on l'avait effectivement obtenu.

En toute honnêteté, avec le recul d'aujourd'hui, je pense que nous aurions mal géré l'argent levé sans aucun résultat réel. À moins que ce soit un montant trop important qui nous aurait permis de faire des erreurs et de réajuster. Nous pouvons alors nous réjouir que le problème de « papiers » nous ait obligés à faire les choses comme il le fallait dès le début : penser grand mais commencer petit. L'expérience que nous avons acquise, sans vraiment dépenser de sommes colossales est dû principalement au problème de papiers.

Le pardon et l'espoir ont joué un rôle primordial dans cette démarche d'admettre la vérité. C'est une leçon de réalisme. Grâce à cela, j'ai pu trouver d'autre voie d'épanouissement pour moi-même. —— Pour me libérer de toutes ces choses, je me suis permis de me pardonner à moi-même en premier. Après, pardonner aux autres devient plus facile et évident. Ceci me libère de toute victimisation. Elle me permet de tirer pleinement les bénéfices de notre fragilité.

Ce réalisme m'as permis de partager les difficultés de celui qui doit se battre tous les jours pour pouvoir exister. —— Une expérience primordiale qui me permet de mieux apprécier le monde qui m'entoure.

Un autre effet positif de ce problème administratif, c'est la patience. Elle nous a appris la patience. Comme le dit si bien Emile de Girardin « la patience est une vertu dans laquelle on puise une force et des droits dont on se prive quand on ne sait pas attendre et qu'on se plaît à tout précipiter. Les hommes téméraires bravent le péril avant de le regarder ; —— les hommes véritablement courageux le regardent avant de le braver. »

La patience est une souffrance qui espère, elle porte avec elle sa consolation. Son soutien c'est l'espérance. Elle est ingénue face à toute sorte de désespoir. Pour les courageux qui veulent arriver, l'habile patience est l'art de l'avenir. On arrive à faire de belles choses dans l'ingénuité de la patience et son énergie propulseur. La patience est une vertu lorsqu'elle doit son existence au courage et non à la lâcheté. Elle porte toujours sa récompense avec elle. Le réalisme est patient.

7. Le Financement, une opportunité d'innovation

« Rome ne s'est pas construite en un jour » est une phrase qui revient souvent dans les discussions lorsque j'étais enfant. Voici l'histoire du cultivateur de cacao.

Le chocolat que les gens aiment et adorent tellement est l'un des principaux produits du cacao. Mon père est

Pépinière de cacao

propriétaire d'une plantation de cacao dans le petit village de Owe, Muyuka au Cameroun en Afrique centrale. J'ai grandi en travaillant dans la plantation de mon père. Pendant les vacances, mes frères et sœurs et moi aidions mes parents à la ferme.

Le processus surtout artisanal de fabrication du chocolat est long et laborieux. Un agriculteur qui veut une plantation de cacao doit d'abord: acheter une forêt, ensuite, la preparer et enfin planter le cacao. Une fois le cacao planté, le travail ne s'arrête pas là; au contraire, c'est là qu'il commence.

Pendant les deux à cinq premières années, le jeune cacaoyer ne produit aucun fruit. Cependant, le fermier doit prendre soin des jeunes arbres: éliminer les mauvaises herbes, les protéger du soleil extrême et des animaux sauvages. Au cours de ces années, j'ai appris la vraie ingéniosité, la patience et la détermination des agriculteurs. Pendant trois ans, parfois plus encore, ces agriculteurs protégeront les jeunes arbres de l'adversité de la vie. Pourtant, pendant tout ce temps, l'arbre ne donne aucun fruit à l'agriculteur. Il (elle) est supposé(e) chercher d'autres moyens pour nourrir la famille.

Efuet pulvérise du cacao à Owe Muyuka 2011 ou 2012

LES LEÇONS DE NOTRE PREMIER ECHEC

Après trois ans, le cacaoyer commence à produire ses premiers fruits. Un cacaoyer peut avoir une durée de vie de 15 à 25 ans. Certains peuvent même aller au-delà de 40 ans. Une fois que le cacaoyer commence à produire, l'agriculteur doit continuer à s'occuper de la ferme. C'est ce même fruit qui est ensuite transformé en chocolat. Il y a tant de leçons que nous pouvons apprendre de l'agriculteur de cacao.

Les fèves de cacao

Efuet dans un four à séchage de cacao avec Richard, à Sapele Owe Muyuka, 2011 ou 2012

Pour nourrir la famille, les fermiers du village doivent planter côte à côte, autres cultures de rente et de subsistance à durée de vie plus courte tels que les plantains. Ces plantains produisent non seulement suffisamment de nourriture pendant que l'agriculteur attend que le cacao commence à produire, mais ils protègent également les jeunes cacaoyers du soleil excessif. Au-delà de fournir un revenu à court terme aux agriculteurs, certains contribuent grandement à devenir la source de revenu.

Suivant l'exemple du fermier, nous nous sommes interrogés sur la question de savoir quels sont les plantains que nous pouvons identifier et planter ? Ce type de raisonnement nous a permis de revoir complètement notre business model, et surtout d'innover. Comme ils disent bien, « Rome ne s'est pas construite en un jour », ce type de démarche et de travail demande toujours beaucoup de temps.

A la question : « les plantains sont fragiles, ils peuvent tomber par terre à tous moments », je réponds simplement que « c'est le risque qui existe ». Chez nous, mes parents utilisent des supports adaptés pour empêcher les plantains de succomber aux forces du vent. Parfois c'était suffisant, d'autre fois, non. La nécessité de la diversification devient évidente. Dans mon cas, on peut voir cette diversification au niveau des différentes activités qui me donnais de petits revenus comme les cours de soutien, Airbnb ou encore le déménagement avec Luis Home. Ces déménagements au-delà de me procurer quelques euros, me permettaient de faire davantage de sport comme au bon vieux temps dans la plantation de mon père.

8. Conclusion partielle

Personnellement je pense que chacun de nous à ce qu'il faut pour transformer ses difficultés, ses faiblesses, ses fragilités en force. Comme la notion du frottement en mécanique, nos fragilités ont toujours deux visages parfaitement harmonieux, à toi de choisir lequel t'intéresse.

Lorsque le psychologue Viktor Frankl a été envoyé dans un camp de concentration pendant la Seconde Guerre Mondiale, il a été séparé de sa famille. Au fil des ans, il a passé du temps dans quatre installations différentes, dont l'infâme Auschwitz. Il regardait les gens mourir chaque jour de misérables morts. Il a été maltraité, traité avec une telle indignité que, parfois, la mort elle-même ne semblait pas être la pire des choses. Et pour beaucoup, ce n'était pas le cas. Et ils ont choisi la mort eux-mêmes. Le moment venu, ils s'asseyaient dans un coin, ne mangeaient pas, ne dormaient pas, attendant que leur corps abandonne jusqu'à ce qu'il le fasse. Mais il y en avait aussi d'autres. Ils semblaient avoir adopté une approche différente. Dans ses propres mots :

« Nous qui vivions dans des camps de concentration, nous nous souvenons des hommes qui ont traversé les huttes en réconfortant les autres, en donnant leur dernier morceau de pain. Ils étaient peut-être peu nombreux, mais ils offrent une preuve suffisante que tout peut être pris à un homme, mais une chose (reste) : la dernière des libertés humaines - choisir son attitude dans une circonstance donnée, choisir sa propre voie. »

Emily, Elise, Muniba et Tonja ont réussi non pas malgré leurs fragilités, mais grâce à leurs fragilités : c'est la force de nos fragilités. Accepter, puis choisir de vivre. Pardonne, et accroche toi à quelque chose qui te donne de l'espoir, tu verras le miracle. Tout ceci est possible si et seulement si nous marchons sur le chemin de l'humilité.

L'histoire que tu écris sera inspirante à cause de ces choses. —— Comme disait Darwin, « c'est la nature qui sélectionne les individus les plus adaptés pour vivre dans tel ou tel environnement ». Réjouis-toi alors que la nature nous ait choisis pour relever ce grand défi.

Chapitre 7 : La Destination

La lumière au bout du tunnel

Le Récapitulatif

Arrivée à destination, Maelly disait le voyage permet de « se sentir épaulé et soutenu ». — Ibrahima parle lui de « l'utilité et le partage ». Pour Christian, c'est « la découverte de l'autre et le plaisir d'aider ». « Se rendre utile et être dédommagé » disait Baye, « simple et efficace » ajoute Mickael. Quant à Fideline, c'est une expérience qui « priorise le bien-être de l'autre », « c'est fiable et ça m'a beaucoup aidé » disais Dione. Pour la sœur de Montjoly, c'est « une belle aventure humaine », qui est « simple, rapide et efficace » rétorque Dominique l'autre passager. Diallo qui arrive en retard pour le voyage, reconnaît comme Evelyne que c'est « un point de rencontre » qui permet à chacun de faire « la différence ». Comme disait Tramel dans Disque d'or, « je cherche un sens à mon existence ».

Par humilité ou par humiliation, nous avons accepté les difficultés. Il est impossible de construire une maison sans une fondation solide. Ce qui ne nous tue pas, nous rend plus fort. Comme JnB Views nous le dit si bien « c'est l'extension du possible » !

Plan du chapitre

La lumière au bout du tunnel 224

   1. Maelly, se sentir épaulé et soutenu................. 226

   2. Ibrahima, l'utilité et le partage 226

   3. Christian, la découverte de l'autre, le plaisir
d'aider 227

   4. Baye, se rendre utile et être dédommagé......... 227

   5. Mickael, simple et efficace............................. 228

   6. Fideline, prioriser le bien-être de l'autre 228

   7. Dione, c'est fiable et ça m'a beaucoup aidé 229

   8. Sœur de Montjoly, une belle aventure humaine
229

   9. Dominique, simple - rapide – efficace 230

10. Diallo, arrivée en retard pour le voyage.......... 230

11. Evelyne, la rencontre, la différence................. 230

12. Conclusion finale.. 231

La lumière au bout du tunnel

Un voyage est toujours caractérisé par le point de départ et le point d'arrivée, autrement appelé la destination. Sans ces deux conditions, nous sommes dans un mouvement perpétuel ou un repos perpétuel. — L'état perpétuel est seulement possible dans un monde sans frottement.

Nous sommes en route depuis un temps, nous avons pu voir ensemble plusieurs choses, mais c'est quoi la finalité ? à quand la destination ? Actuellement nous entrons dans un tunnel. La lumière au bout nous signale que nous arrivons à destination. Arrivée à destination, nous pouvons nous amuser à demander l'avis de ceux qui ont fait le voyage avec nous, toujours dans une démarche d'amélioration. La vie, disent-ils, est constituée de plusieurs voyages.

« Je m'appelle Elga. Je vis en France plus précisément dans la ville de Nantes. Je peux te rassurer que l'expérience World like Home m'a beaucoup aidé. En effet, un jour j'étais de passage dans la ville du Mans où je ne connaissais personne. Le hasard a fait que je sois tombé sur une personne de bien. Un jeune homme qui est devenu un ami pour moi. C'est grâce à lui que j'ai eu connaissance de l'existence de l'expérience World like Home, le voyage

World like Home. Il faut l'avouer qu'au départ j'ai eu un peu de doute mais nous avons dû discuter longtemps. J'ai bien compris ce que ça signifiait. J'ai dû lui faire confiance parce que j'avais un problème. L'expérience World like Home a été au-dessus de mes attentes. J'admire beaucoup la manière de faire. Je garde de bons contacts ».

Jen, La Destination

Je me souviens de la route,

A travers ces taches d'aquarelle,

Avec les chapitres,

Le temps passe si vite.

Des averses couvertes,

Jouer une symphonie,

Au-dessus de nos têtes,

Abattu sur les routes,

Nous sommes vraiment doués.

Arrivé sain et sauf,

Signes oculaires comme un jeu,

Comptons les milles,

Comptons les lignes.

Douce liberté

Et le confort,

J'ai atteint une destination

Que je peux appeler,

« Chez moi ».

1. Maelly, se sentir épaulé et soutenu

« L'expérience World like Home m'a permis de discuter avec une jeune étudiante. Mon objectif était de faciliter son intégration. J'aime énormément le voyage World like Home. C'est important pour le jeune en question et nous permet de vivre une expérience humaine. Je suis encore passager volontaire pour aider d'autres. C'est cool de pouvoir se sentir utile. L'organisation peut être parfois difficile. Mais dans l'ensemble rien à redire. Je pense que ça peut vraiment vous être utile. C'est plus agréable de se sentir épaulé et soutenu. Vous êtes des bonnes personnes, vous contribuez à l'intégration des étudiants, et ça c'est vraiment cool. »

2. Ibrahima, l'utilité et le partage

« L'utilité et le partage. Pour l'instant tout est impeccable, peut être trouver des correspondances dans les villes périphériques. —— Si vous cherchez la fiabilité, la confiance et l'expérience, c'est ici, le voyage World like Home. N'hésitez pas à vous impliquer davantage.

Quiconque aide un étudiant participe à l'amélioration du monde. »

3. Christian, la découverte de l'autre, le plaisir d'aider

« Je l'ai mis à l'aise et lui ai expliqué comment utiliser le transport public. Oui, nous sommes toujours en contact après le voyage. La découverte de l'autre et le plaisir d'aider. Il y a peu d'information sur la personne qui va arriver. Être toujours au service des autres. C'est très bien et fiable. C'est efficace et ambitieux. »

4. Baye, se rendre utile et être dédommagé

« J'ai aidé un étudiant grâce au voyage Word like Home. Par la suite, je l'ai accueilli chez moi. Plus tard, il a trouvé un logement. Aujourd'hui on entretient de bonnes relations, il vient chez moi y passer le week-end régulièrement, je connais sa famille et tout se passe bien entre nous. J'ai aimé le fait de me sentir utile et d'accompagner des personnes. Tout est Ok, il faut juste maintenir le cap. C'est un moyen sûr et légal pour vos démarches et pour l'accueil. Vous pouvez vous rendre utile — et en même temps être dédommagé. L'expérience World like Home est un dispositif pour améliorer l'accueil et l'intégration des étudiants »

5. Mickael, simple et efficace

« J'ai fourni une aide à un étudiant au début de l'expérience. — Les démarches ont été très simples et l'étudiant a pu suivre son cursus. Simple et efficace. C'est une très bonne idée qui devrait permettre à plein d'étudiants de faciliter leur arrivée et intégration. »

6. Fideline, prioriser le bien-être de l'autre

« Je viens d'un pays lointain. Dans le cadre de ma formation continue d'enseignante. La procédure étant très complexe. Un jour, je suis tombée par hasard et même par chance sur une âme de bonne volonté sur Facebook. Alors que j'étais complètement sans issue. Andrew, m'avait-il dit, était son nom, fondateur de World like Home, une startup dont la mission première est l'accompagnement des étudiants avec l'expérience World like Home, le voyage World like Home. Un président très attentionné, assez soucieux du bien-être de l'autre. — Faire confiance aux services proposés. Continuer davantage à prioriser le bien-être de l'autre. Une structure fiable. Une reconnaissance à l'endroit du fondateur pour son grand sens de l'humanisme »

7. Dione, c'est fiable et ça m'a beaucoup aidé

« Je suis étudiant, j'avais une admission dans une ville éloignée. J'avais un problème, du coup un ami m'a parlé du voyage World like Home. Je n'avais aucune connaissance dans la ville en question. Le volontaire passager m'a fourni le nécessaire. En plus, il m'a accueilli chez lui pendant un mois. —— Il m'a aidé à faire toutes mes démarches administratives. C'est bien possible à travers World like Home. C'est fiable et ça m'a beaucoup aidé. Le service est bien fait »

8. Sœur de Montjoly, une belle aventure humaine

« Pour ses études, ma sœur a dû partir en voyage. Ne connaissant personne j'ai fait appel à l'expérience World like Home. Par-dessus les services proposés, la personne qui a accueilli ma sœur a été au top pour la guider, pour son intégration et lui a conseillé de bons plans. Le volontaire a aidé ma sœur gracieusement. Une belle aventure humaine. C'est un service super intéressant surtout si on ne connaît pas la ville ni le pays d'accueil. Ne pas hésiter, c'est un moyen de rencontrer du monde, ça permet de connaître de nouvelles personnes et de ne pas être perdu dans une ville ou pays inconnue. Génial, c'est très utile pour les étudiants qui arrivent sur un nouveau territoire »

9. Dominique, simple - rapide – efficace

« Personnellement, je décris le service en trois mots : simple - rapide – efficace. C'est une belle expérience à vivre. Une très belle initiative. Je voudrais demander d'étendre cette expérience et voyage à l'échelle internationale. »

10. Diallo, arrivée en retard pour le voyage

« Au fait, l'année dernière j'avais énormément galéré pour voyager. Du coup j'avais contacté tous mes amis qui avaient des contacts dans la ville. C'est dans ce cadre que nous avons connu le voyage World like Home. Arrivée en retard pour le voyage, j'ai pu avoir la dérogation grâce à l'intervention de l'équipe World like Home. C'est génial car au tout début, ce n'est pas facile. Surtout pour ceux qui veulent poursuivre leurs études. »

11. Evelyne, la rencontre, la différence

« J'avais lu un article sur le forum World like Home. J'ai pris connaissance de l'expérience et voyage World like Home. J'aime toujours discuter avec les jeunes pleins d'énergie qui viennent d'ailleurs. Dans le cadre de cette expérience, je n'ai pas hésité à me proposer pour accueillir et épauler un jeune étudiant. Nos échanges et partages m'ont permis d'avoir quelqu'un avec qui discuter mais surtout d'apprendre à connaître l'autre. Le voyage World like Home est un lieu de rencontre, l'expérience World like Home nous permet de faire la différence. Elle m'a permis surtout de rompre la solitude, de briser la glace et sortir de ma zone de confort. »

12. Conclusion finale

Nous avons parcouru un long chemin, nous avons fait d'importants progrès. Toutefois, il reste encore beaucoup à faire. La route est coriace et longue. Nous devons toujours nous rappeler qu'un voyage de mille kilomètres commence par un pas, un mot, une ligne, une découverte. Nous devons être heureux avec le peu de progrès que nous faisons chaque jour, sans pour autant perdre la vue sur l'objectif.

Et si toutes ces histoires d'échecs et succès sur lesquelles je m'appuie sont indubitablement ce que l'académie française appelle —— « le biais du survivant » ou plus généralement ce que les statisticiens appellent « le biais de sélection » ?

Dans une étude statistique, le terme « biais de sélection » désigne une erreur systématique faite lors de la sélection des sujets à étudier. Ce terme regroupe tous les biais pouvant conduire à ce que les sujets effectivement observés lors d'une enquête ne constituent pas un groupe représentatif des populations censées être étudiées et ne permettent donc pas de répondre aux questions posées dans le protocole. Cela se produit lorsque les sujets sélectionnés dans l'échantillon ont des caractéristiques qui les distinguent de l'ensemble de la population-mère.

Le biais du survivant est une forme de biais de sélection consistant à surévaluer les chances de succès d'une initiative en concentrant l'attention sur les sujets ayant réussi mais qui sont des exceptions statistiques (des « survivants ») plutôt que des cas représentatifs.

Chacun de nous est sorti vainqueur et premier d'une compétition en amont de la vie en société : la course des milliards de spermatozoïdes. En d'autres termes, le Survivant c'est toi, l'Exception parmi les milliards, le Vainqueur. A toi maintenant de la manifester pour le bénéfice de ceux qui t'entourent et le monde entier.

Les possibilités pour l'avenir sont infinies. Nous devons être disposés à en tirer les bénéfices de manière stratégique. Comme l'a dit Barack Obama : « Il n'y a pas d'autre moment dans l'histoire où tu feras mieux de vivre que maintenant ». Bien sûr, il y a encore du chemin à parcourir, d'autres voyages à faire, mais nous avons déjà beaucoup fait pour façonner le présent.

En allant de l'avant, nous ferons sûrement face à de la résistance et à des distractions. —— Considérez que ces résistances sont les frottements mécaniques dont nous avons besoin pour exister dans ce monde turbulent. Connaissant ce que nous voulons, nous devons avancer avec courage, ténacité, détermination, résilience, patience et amour. Oui, les temps difficiles sont omniprésents, mais nous ne devrions pas leur permettre de nous aveugler face aux progrès que nous avons accomplis et les possibilités pour l'avenir : un monde meilleur pour nous tous ; un monde où on se sent partout comme chez soi.

« Notre imagination crée du mouvement

Vers la force de construction

Pour franchir les obstacles

Qui nous empêchent d'avancer

Provoquant le ronflement des eaux

Rendant notre destination accessible »

Traduit et adapté de « Teresa Trotter ».

Annexes

A. Prévisionnel sur 5 ans

Compte de résultat en Millions						
	2014	2015	2016	2017	2018	2019
Chiffre d'affaire total		3,77 €	8,91 €	14,41 €	32,20 €	126,46 €
Investissement initial	- 1,50 €					
Dépense initiale	1,50 €					
Marketing et Publicité		0,38 €	0,89 €	1,44 €	3,22 €	12,65 €
Total autres achats et charges externes						
R&D (production immobilisée)						
Total consommations intermédiaires						
Opération et Maintenance	- €	0,34 €	0,80 €	1,30 €	2,90 €	11,38 €
Valeur ajoutée		3,05 €	7,22 €	11,67 €	26,08 €	102,43 €

Personnel		0,70 €	2,26 €	3,43 €	4,33 €	11,65 €
Impôts et taxes						
Frais financiers : sur emprunts						
Dotation aux amortissements		- 0,30 €	0,30 €	0,30 €	0,30 €	0,30 €
Résultats avant impôts		2,65 €	4,65 €	7,94 €	21,45 €	90,48 €
Impôt sur les Sociétés		0,88 €	1,54 €	2,62 €	7,08 €	29,86 €
Résultat après impôts		1,78 €	3,12 €	5,32 €	14,37 €	60,62 €

B. Mon interaction avec les banques

Banques	RDV	Remarque	Décision	Motive
SG	-	Tout une histoire !	Non	Situation personnelle de Andrew
BPO	-	-	Il faut Garant, sinon, NON !	Trop innovant !
CA	-	Innovant, il faut d'avantage d'infos	Redirection vers Le Village by CA !	Start-up, innovant, pas de maîtrise dans le secteur ! Le Village. By CA ...PÉPINIÈRE
HSBC	16 mars 2016	Téléphonique	Non	On ne suit pas en création !
Crédits du Nord	18 mars 2016	Processus en cours : elle va revenir vers moi la semaine prochaine	Non	Pas notre secteur ! Trop innovant !
LCL	19 mars 2016	Appréciation du concept	Non	Pas notre secteur !
CIC	19 mars 2016	Appréciation du concept	Non	
BNP	22 mars 2016	Appréciation du concept	Non	Financements incorporels et pas de patrimoine
Crédit Mutuel	30 mars 2016	Appréciation du concept	En cours Dernier contact : 12 Apr 2016	

Caisse d'épargne	26 avril 2016	Appréciation du concept	Non 13 May 2016	Absence d'apport Projet trop innovant et non développé, d'où aucun regard sur une activité similaire
La Banque Postale	21 Avril 2016	NON SYSTEMATI QUE !	-	Il faut avoir un compte là-bas depuis 18 mois
Crédit coopératif	23 mars 2016	NON SYSTEMATI QUE !	-	Internet, NON

C. Workshop: retrospection & the way forward

Présent :

Intervenir à Distance :

Intervention téléphonique :

Date, lieu et l'heure :

0. Welcome

1. Reports

Removed!

2. Greatest obstacles moving forward and proposed solution

- o   Identify 3 main obstacles that we faced this back to school period based on the report:
- o   How can we overcome them for next year?

In 201x, did we apply the recommendations of 201x-1 to overcome the obstacles we had? If not, why? If yes, examples?

- o   Name at least Three things that we must not do next year.
- o   Through which channels did we get students?
- o   How can we increase revenue?

In 201x, did we succeed in increasing our revenue?

3. Lessons learned

- o   Name at least 3 problems we had this period.

- o   What are possible remedies?

In 201x, did we succeed in eliminating or remedying the problems of 201x-1?

- o   What is the ONE thing that we must learn from these?

4. Get to know me...

- o   Qu'est-ce qui m'a décidé à intégrer WlH ?

  If there has been an evolution, why?

- o   Si vous pouviez créer un slogan pour votre vie, lequel serait-il ?
- o   3 mots qui te décrire parfaitement ?

o Provide at least an example where you had to overcome adversity.

Break Games

5. **Web Site/Tools**

   o What can we change on the website? (forum & main site)
   o What processes or interactions can we easily automate?
   o What are the most critical use cases to implement?
   o How can we improve referencing?
   o Can we reduce cost?

6. **Strategic 12 months plan**

   o What is our objective for next year?
   o In 201x, did we attain our objective? If not, why?
   o Name three things that we must do to achieve that objective.

   In 201x, did we do the things we were supposed to do as listed above? If not, why?

   o Possible obstacles?
   o Proposed solutions?

   In 201x, did we implement the proposed solutions of 201x-1? If not, why?

   o How are we going to measure progress along the line?
   o What can go wrong?

7. **The next steps**

o   What must we do the next three months?

After the last meeting, did we do what we had to do the following three months? If not, why?

o   What can go wrong?
o   What have I retained from this meeting?
o   What is our 12 months strategy?
o   What is my role?
o   Are you confident about it (your role and the strategy)?
o   Signing of the engagement

8. Participation au capital

	Aspect	Indices / Name								
		22		14		11	14	12	12	26	16
1	Creativity	3		2		1	1	1	1	3	2
2	Autonomy	2		1		0	2	1	1	2	2
3	Persistence	2		1		2	1	2	1	2	1
4	Consciousness	1		1		2	3	0	3	3	1
5	Initiative	2		2		0	1	0	1	3	1
6	Choice	2		1		1	2	1	1	3	2
7	Intrinsic	3		3		3	1	2	2	3	1
8	Sacrifice	2		1		1	1	1	1	2	2
9	Financial involvement	2		1		0	0	1	0	3	2
10	Performance	3		1		1	2	3	1	2	2
		Moi	*Toi*	*Moi*	*Toi*	*Moi*	*Toi*	*Moi*	*Toi*	*Moi*	*Toi*

Si tu as moins de 20 dans la colonne « Moi », il y a encore beaucoup de travail personnel à faire sur toi vis-à-vis World like Home. Dans le cas contraire, bah bravo, et continue dans le même lancer.

9. SWOT Analysis

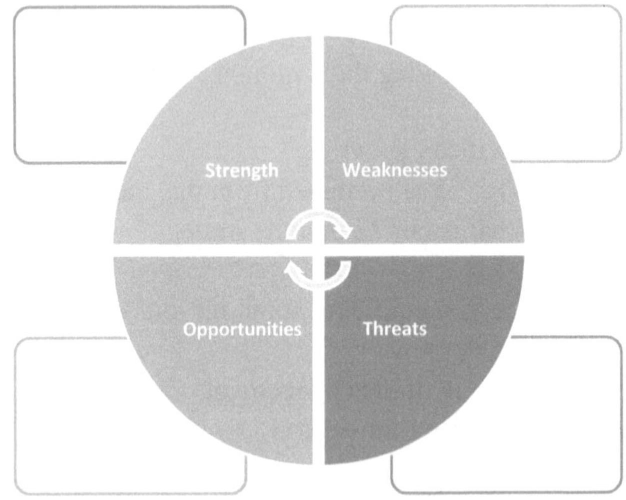

-

- ○ How can we turn our weaknesses into strength?
- ○ How can we minimize (or eliminate) threats or turn them into opportunities?

10. Others Matters

- ○ Do you have any other comments or obeservation?
- ○ Setting our eyes on the objective

Part ONE lien vers la vidéo YouTube :

https://youtu.be/JHy6bBKu0j4

- • Comment on the video
- • Give at least one reason why you think ALL the ducklings succeeded in climbing the stairs.
- • What correlation can you make between the video and WlH?

- In your opinion what does the duck and the ducklings represent?

D. WlH engineering

Past & Upcoming

By WlH's CTO

WlH Overview

Plateforme de mise en relation d'étudiants et de

volontaires

Forum (Q/A Platform like)

Gestion bout-en-bout du workflow de mise en relation

WlH v1 : MVP	What did we learn
Monolitic website built with Python Hosted on Heroku platform Release date: 08/2015 End of use date: 10/2016 R&D Team: 1 dev + 2/3 stagiaire Costs estimation: 240 euros / month	If you are unknown, you are untrust : Payment implementation is useless at first stage No need to manage complete customers workflow from platform Spec / Development is time-consuming: Many difficulties to pivot easily Need to use the right tools / platforms
WlH v2 : MVP, 2 platforms	**What did we learn**
Frontend / Backend website Forum platform with Discourse	If you are unknown, you are untrust: No needs to manage complete workflow from platform

Built with AngularJS / Python Hosted on Heroku platform and Digital Ocean Release date: 10/2016 End of use date: 10/2018 R&D Team : 2 devs Costs estimation: 420 euros / month	Spec / Development is time-consuming: Many difficulties to communicate Need to use the right tools / platforms

- Lessons learned

    - Implementation time must be reduced

    - Tests / Pivots must be the default path

    - Need to communicate more easily

    - Need to share ideas more easily

    - We must use the right tools

Collect ideas (5 / 10 min)	Wlh v3 : New platform
o Quelles sont les difficultés que tu as pu avoir en interaction avec le site ? Dev ? o Quels sont tes besoins « quotidiens » ? o Quelle est la fonctionnalité la	o Based on wix o Collaborative design / implementation o Standalone forum o Cost estimate: 60 euro o Start with simple Use Case: o With forms

plus « critique » selon toi à implémenter ?	o Implement Use Case « On Business Demand »

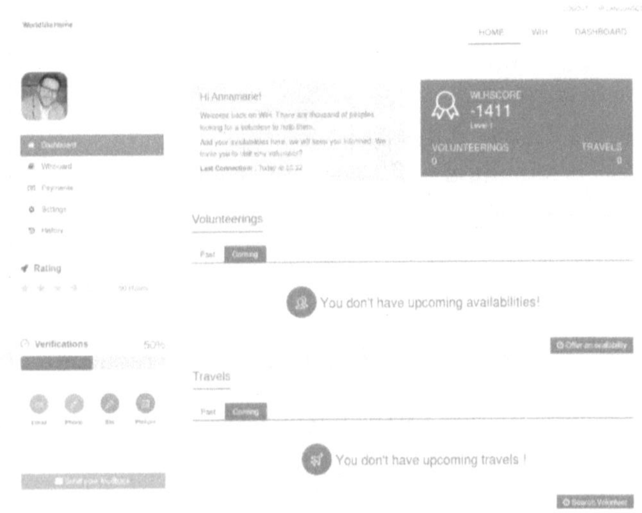

E. Pré-Pacte d'Actionnaires

ENTRE

World like Home ci-après dénommé WlH une société par action simplifiée, en cours d'immatriculation au registre des commerces et des sociétés, ayant son siège social xxx **72000 Le Mans**, représenté par **M. Efuet. And. Atem.**

D'une part,

ET

M. .... (ci-après désignée "**l'associé**"),

ne le.............a..............., adresse.......................

Tel : .... ;

Email :.............................

D'AUTRE PART,

Article 1 : Objet du contrat

1.1. Que les présentes ont pour objet de définir en amont les modalités de détention et de gestion de leur participation dans WlH,

1.2. Que les soussignés aient, en conséquence, arrêté ce qui suit, étant expressément entendu que toutes les dispositions objet des présentes forment un tout indissociable et qu'elles ne pourront, en aucun cas, faire l'objet d'une exécution partielle, de l'un quelconque des soussignés.

Article 2 : Durée et modification

Le contrat est conclu pour une durée indéterminée (jusqu'à l'immatriculation effective de WlH) et prend effet à la date indiquée ci-dessous. Le contrat peut être modifié sur simple demande de l'une ou de l'autre des parties.

Article 3 : Condition financière et Participation au capital

3.1. L'implication de l'associé est une raison valide pour lui donner des parts au sein de WlH. Pour cela, il suffit que l'associé démontre son indispensabilité pour l'avancement de WlH et sa compatibilité avec l'équipe de base. Dans ces cas, les règles dans le pacte d'actionnaires et les autres documents statutaires s'appliquent.

3.2. La participation au capital sera faite en fonction des notes sur le tableau ci-dessous :

0	Nom associe	Nom 1		Nom 2		Nom 3		Nom 4	
	% company today								
	Aspect	0,1,2 ou 3							
1	Creativity								
2	Autonomy								
3	Persistence								
4	Consciousness								
5	Initiative								
6	Choice								
7	Intrinsic								
8	Sacrifice								
9	Financial involvement								
10	Performance								
		Moi	*Toi*	*Moi*	*Toi*	*Moi*	*Toi*	*Moi*	*Toi*

3.3. L'associé a le plein droit aux bénéfices réalisés. Le bénéfice sera distribué de manière proportionnelle aux efforts fournis. La distribution des bénéfices est conditionnée par un vote à majorité simple en assemblée générale.

3.4. Les entrées d'argent réalisé avant la création effective de World like Home seront réinvestir pour le bon fonctionnement de celui-ci.

Article 4 : Résiliation

4.1. Le contrat peut être résilié par l'une ou l'autre des parties avec un préavis minimum d'un mois par e-mail ou téléphone quel qu'en soit le motif.

4.2. Le contrat peut être résilié à tout instant pour faute grave par l'une ou l'autre des parties.

4.3. Manque d'autonomie suffisant, l'insubordination, l'indiscipline comme l'abandon de poste pourra constituer une faute grave.

4.4. La résiliation du contrat signifiée la perdre totale des toutes avantages et bénéfices quel qu'en soit sa nature.

Article 5 : Confidentialité

L'associé s'engage à traiter comme confidentielles toutes informations d'ordre comptable, social, financier, technique et stratégique, non publiées, concernant WlH, qui leur seront communiquées, présentées ou non comme confidentielles.

Les parties se portent fort du respect de cet engagement par leurs préposés, conseils ou mandataires.

La présente obligation de confidentialité restera en vigueur postérieurement à l'expiration ou la résiliation du contrat pendant une durée de 2 (deux) années.

Article 6 : **Propriété intellectuelle**

Toutes les instructions, procédures, programmes, design, concept mis au point par l'associé pour le développement de WlH restent la propriété de WlH.

Article 7 : Attribution de juridiction

Le contrat est soumis à la loi française. Tout différent relatif à l'interprétation, l'exécution ou la résiliation du contrat qui n'aurait pu être réglé à l'amiable entre les parties, sera soumis aux juridictions compétentes de la Sarthe.

Pour...............................Pour...

F. Nos valeurs et principes

Nos valeurs servent de compas pour nos actions et décrivent comment nous nous comportons dans le monde.

- Equipe : Travailler chez WlH, c'est comme jouer dans une équipe de football, tout le monde a un rôle crucial à jouer,

- Leadership : le courage de façonner un avenir meilleur,

- Collaboration : levier d'un génie collectif,

- Intégrité : sois le même en public et en privé,

- Responsabilité : si c'est pour être, c'est à moi,

- Passion : engagé du fond du cœur et de l'esprit,

- Diversité : aussi inclusif que notre marque,

- Qualité : ce que nous faisons, nous le faisons bien,

- Sécurité : notre priorité dans ce village planétaire de l'internet,

- Personnes : incitez les gens à être les meilleurs possibles,

- Portefeuille : apporter au monde une marque qui promeut nos valeurs sociales en favorisante une culture aidante. Renforcer les liens entre les hommes de différentes cultures,

- Partenaires : nourrir un réseau gagnant d'universités, les voyageurs et les volontaires,

- Planète : soyez un citoyen responsable qui fait la différence en aidant à construire et à soutenir les communautés durables et

- Bénéfice : maximiser le rendement à long terme pour les actionnaires tout en étant conscient de nos responsabilités globales.

La reconnaissance

Ce voyage a été rendu possible grâce à tous ceux qui m'ont aidé dans la correction —— de grammaire et d'orthographe. Il parait que c'est l'un de mes points faibles. Tous ceux qui m'ont challengé à revoir certains paragraphes. Je pense à Chamberlain Mburunu, Appoline Delangue, Evelyne Tchoumbom, Ludovic Tchoupe, Benoit Minisini, Sala Ouedraogo, Pierre Gilbert, Nguedia Hermann Adrien, Mickaël Leroux, Jacques Nkoa-Beténé, Fideline Jeannette Ngando, Natacha Patience, Claire Neve, Maelly Rouillon, Habib Ntope et Stephane Tchoualac. J'en suis reconnaissant.

Je dis merci particulièrement à tous ceux qui ont pu faire le voyage avec nous jusqu'ici, toi qui as suivi l'appel pour monter dans le véhicule. J'espère que tu as aimé l'expérience avec le voyage World like Home. Si c'est le cas, n'hésite pas à nous le faire savoir : —— #SouriantDansLesEpreuves. Nous allons également apprécier un avis honnête sur Amazon, Facebook, Google, Fnac ou votre plateforme préférée. Rappelez-vous que ces avis aident les autres à découvrir « Souriant dans les épreuves ». S'il vous plaît passez le mot, nous vous en serons reconnaissants.

A nos communautés des beta-lecteurs : Kevin Crouzet, Djouansi Wembe Cyril, Ursla Atem, Angu Abongwa, Christian Atonfack, Taylor Tepondjou, Sandra Mbatcha, Joseph Nkoa, Theodore Muluh, Zhao Xing, Gerald Etta, Sienne Théry, Ivan Lemarabio CEO BissandLove, Richard Sufo, Florent Ferré, Lebouc Amandine, Michele Nankap Carole Nice, Florence Rottereau, Mbecha Awung, Gia & Luis de Luis Home, Noubiagain Fanny, Michel Fourcade, Tongwa Atem, Thierry YEFFOU promoteur de Amazonafrika.com, Loic Richer Co-fondateur Eustache club, Nelly Sufo et Willie Leukenfac. C'est grâce à vous que les derniers correctifs et reformulations ont pu être faits avant l'embarquement du grand public. Merci pour vos remarques, commentaires et critiques.

Comme une tâche récalcitrante sur nos vêtements, certaines erreurs insistantes doivent encore persister d'ici et là. —— J'en assume l'entière responsabilité. Je serais reconnaissant pour toutes rectifications et suggestions de lecteurs que je pourrais incorporer dans les éditions suivantes le cas échéant.

Efuet. And. Atem

LES LEÇONS DE NOTRE PREMIER ECHEC

Poursuivre l'échange :

@ https://smilinginhardships.com/

Table des matières

INDEX

INDEX

D

INDEX

F

LES LEÇONS DE NOTRE PREMIER ECHEC

P

S

www.ingramcontent.com/pod-product-compliance
Lightning Source LLC
LaVergne TN
LVHW091659190726
843493LV00001B/65